中国礼文化智慧修身锦囊

本作品由兰州文理学院出版基金资助
本作品为兰州文理学院文艺精品创作成果

张晓玉 著

中国广播影视出版社

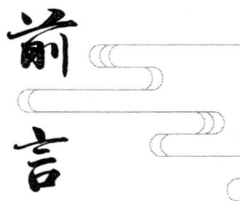

前言

有一种优雅如空谷中的幽幽兰花,如百合般高贵,如莲荷般的素雅,如红酒般醇香,令人心旷神怡、回味无穷。

当风和日丽的清晨,一位素衣直发的女子与众多上班族一样穿梭在城市的街道,她没有浓厚的脂粉气息,更没有浓重的香水味道。眼睛弯弯,如一弓弯月;微笑暖暖,如阳光一般,无论是急急行走,还是漫漫踏步,都不失幽雅气息,当你看到后定说这是一位优雅而高贵的女子。

"君子怀幽趣,谦恭礼乐才。经心皆识见,书史尽通该。"翩翩君子之风,自带幽默乐趣、对人谦恭有礼、才华横溢、眼界宽广、举止有度、得当大方、温文尔雅,定是中国君子人格的象征,你一定会被他的才华品德所折服。举手投足间,流淌出来的举止动作,便是你最好的修养。

可我们屡屡见到地铁、公交车上不雅的身姿,蹬踩着座位的乘车人士;走在街头随时都会遇到肆无忌惮、声音洪亮的吐痰先生或女士;甚至在大学校园里,有人发型奇特,着装嘻哈,走姿摇摆,低头含胸,陶

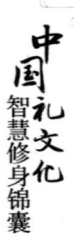

醉于自我的状态中不可自拔,殊不知这样的形象举止带给他人的感受是什么!

当今社会有人张扬,有人内敛,甚至有人永远只活在自己的那方天地里,此时"礼"的教育显得尤为重要!常言道:"先学做人再学做事。"可是,很多人在成长的过程中缺失了"礼"的教育,总让人有种美中不足的遗憾,诸如:大学校园经常出现着装奇异、妆容浓艳、言语粗俗、行为粗鲁甚至不懂得感恩,很多时候任性妄为,对前途一片迷茫,严重缺乏责任和担当,让父母为他们负重前行。

中国历来讲究家风家训,可是伴随着家庭结构的变化,家风家训似乎有些缺失,家庭中的孩子永远是重心,无论父母多苦都要满足孩子的各种需求,这是目前存在的较为突出的一个畸形问题。很多年轻人出现黑白昼夜颠倒、生活自理能力较差、人生没有目标和方向,看到抑或是听到这些鲜活的生命的案例,我内心有种强烈的不安。因为每个人的青春只有一次,我们浪费掉的时间和消耗掉的生命能量是何其珍贵!

这些品格的问题都是因为忽略了"德"教而造成的。每个人从小到大的学习中,成绩似乎被看得更重一些。今天,我依然会惊讶地遇见朋友的孩子从不与人打招呼。这个问题于父母而言视若无睹,试想这样的孩子成长中缺失的恭敬心,未来如何去弥补?在我们这样有着五千年文明的国度里,每一个国人都应该努力并自觉地传承中华民族优秀的文化基因,这是我们爱国最妥帖的方式。

曾国藩曾说看一个家族兴不兴旺,主要看三个方面:第一,是否早起,这是对于坚韧精神和意志的培养;第二,是否做家务,这是对责任心的培养;第三,是否读圣贤书,可以明理启智。现在很多年轻人昼夜颠倒，夜间看手机而白天睡觉，饭来张口，衣来伸手。这样的学习生活方式即使拿到了大学学历还会未来可期吗？而有人却因为从小父母教育严格、成长环境优越、人生目标清晰，让他们懂得做事的分寸和尺度，同时学会了努力和奋斗，在成长的道路上收获并富足自己的精神和生活。

因此，这本书不是一本常规的礼仪工具书，而是一本有着温度的智慧修身锦囊，一本关于"明礼修身"的读本，希望每个人能从中读到修身智慧，在成长修行的路上习得高贵品格、中正态度、知止智慧，练达宽广的胸怀，做一个心境无瑕之人。

张晓玉

2023年1月

目录

上篇

"明礼之道"——传承文明

第一章　礼之渊源——走进中国文化之心　/　002

　　一、关于礼的起源　/　002

　　二、西方关于礼的起源说　/　006

　　三、我国礼仪的发展　/　007

　　四、中国礼学的内涵　/　011

　　五、礼的原则　/　013

　　六、中西方礼仪文化差异　/　021

　　七、礼仪在个人成长中的作用　/　029

　　八、礼之当下　/　031

　　● 修身锦囊　/　032

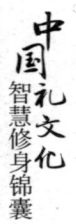

第二章 知礼行礼——传承中华文明 / 033

一、关于礼的认知 / 033

二、君子九容 / 034

● 修身锦囊 / 056

第三章 礼伴我行——修持自我 / 057

一、不同关系的礼仪之道 / 058

二、不同场合的礼仪之道 / 072

三、礼之根本"和为贵" / 078

● 修身锦囊 / 079

下篇

"修身之道"——上善若水

第四章 中正态度——得和，得静，得坦途 / 082

一、得坦诚之心 / 083

二、得平和心态 / 088

三、得感恩之心 / 092

● 修身锦囊 / 097

第五章 知止智慧——取舍中修炼品格 / 098

一、知止之行为智慧 / 099

二、知止之语言智慧 / 101

三、知止之思想智慧 / 112

● 修身锦囊 / 114

第六章 绽放自我——终有爱你的蝴蝶 / 115

一、给自己喝彩，你也有过人之处 / 116

二、举止优雅，绽放自信 / 118

三、改变不了环境就改变自己 / 124

四、克服好高骛远的心态 / 127

五、绽放，终有钟爱你的蝴蝶 / 129

● 修身锦囊 / 132

第七章 知行合一——点滴之中修德行 / 133

一、知行合一的社交礼节 / 135

二、知行合一的餐桌之礼 / 144

● 修身锦囊 / 151

第八章 明礼修身——做心境无瑕之人 / 152

一、悦纳随顺 / 152

二、喜悦常伴 / 155

三、致虚守静 / 159

四、虚怀若谷 / 162

五、上善若水 / 163

六、三省吾身 / 166

七、飘扬放逸 / 169

● 修身锦囊 / 172

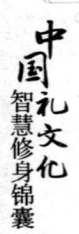

中国礼文化智慧修身锦囊摘录 / 173

参考文献 / 180

后记 礼仪打开幸福门 / 184

上篇 「明礼之道」——传承文明

第一章
礼之渊源——走进中国文化之心

> 子曰："夫礼初也，始于饮食。太古之时，燔黍擘豚，汗樽杯饮，蒉桴土鼓，犹可以致敬鬼神。"①
>
> ——《孔子家语·问礼》

一、关于礼的起源

"礼"是一个文明的字眼，一个优雅脱离了野蛮的标志。它从产生、发展至今已几千年。但要论其起源，却不是一言两语可以阐述清楚的。顾颉刚先生曾说："中国文化的基本格局，在春秋战国时就已经基本奠定，在以后漫长的社会发展中，只有量变，没有质变。中国文化以'礼'为灵魂，这是从殷商之际就开始的。在中国历史长河中，经历过许许多多次改朝换代和历史变革，但大多数的改朝换代不是质变而是量变。最重要的一次朝代更迭就是殷周革命。"②

王国维先生在他的代表作《殷周制度论》中说："殷周之际出

---

① 黄敦兵：《孔子家语》，岳麓书社2021年版。
② 彭林：《礼乐文明与中国文化精神》，中国人民大学出版社2016年版。

现的变革，是中国历史上最重大的变革。"①殷朝最大的特点是尊神，先鬼而后礼。在那个朝代，人们生活在鬼神的阴影之下，他们认为只有恭敬地对待鬼神，就一定能够被保佑。武王克商之后，他的弟弟周公辅佐尚在襁褓中的成王，周公至公无私，制礼作乐，开启了"礼"的时代。周人逐渐开始将神学化的礼治人文化，在神人关系中选择近人远神，在祭祀之礼和政治之礼之间做出了偏向于后者的选择，周人尊礼尚施，事鬼敬神而远之。直至周代，礼发展成一个复杂的系统，既包括习俗、道德、人伦关系、政治经济制度、冠婚丧祭制度等，还包括个人、家庭、国家、社会的行为关系原则和规则，具有全体大用和文化生命整体的特性。

中国已有五千多年的文明历史，被誉为"礼仪之邦"，"礼仪"作为中华民族的基石，具有悠久的历史。在原始社会时期，我国的礼仪就已形成雏形，距今1.8万年的北京周口店山顶洞人会用兽齿、石珠等来装扮，并且会为去世的族人举行仪式；距今五六千年的陕西西安半坡人则开始注重尊卑有序、男女有别等礼仪。在我国关于礼的起源，说法不一，可大致归纳为以下几种②：

1. 天神生礼说

"天神生礼说是人们还没有意识到礼的真正起源时的一种信仰说教，是神崇拜的反映，代表了人类图腾崇拜时期对原始礼的一种认识。《左传》记载：'礼以顺天，天之道也。'意思是说，礼仪是顺乎天意的，而顺乎天意的礼就合乎'天道'。"这一学说没有

---

① 彭林：《礼乐文明与中国文化精神》，中国人民大学出版社2016年版。
② 参见互联网文档资源，《简述礼起源与发展》《试论中国礼仪文化的现实意义》，2020年3月26日。

科学的考证，但通过一些历史现象能够反映礼仪的雏形。

2. 礼是天地人统一的体现说

天地人统一的观点是在春秋以后兴起的，他们认为"天地与人既有制约关系和统一性，又有高于人事的主宰性"。这一观点把礼引入人际关系中来讨论，相比"天神生礼说"虽然有了一些进步，但仍然没有摆脱原始信仰，故这种说法也缺乏科学性。

3. 礼起源于人性说

这一观点是儒家的创见，"把礼和人性结合起来，认为礼起源于人的天性"。孔子以仁释礼，一方面把"礼"作为处理人际关系的总则，另一方面把"仁"当作"礼"的心理依据。他认为克己以爱人，就是"仁"；用仁爱之心正确而恰当地处理好人际关系，就是"礼"。

4. 礼是人性和环境矛盾的产物

这一学说主要解决人和环境的矛盾。正如"孔子'克己复礼'的观点，就是看到了人和环境的矛盾，而解决这种矛盾的方法是'克己'。人的好恶欲望如不加以节制，什么坏事都干得出来，于是圣人制礼，节制贪欲"。

5. 礼生于理，起于俗说

这一观点更深入地从礼和俗上说明礼的起源，认为"'礼'是人类为了正常生存和发展，根据面临的生存条件制定出合乎人类生存发展必然性的行为规范，是一种理性认识的结果；而将礼落到实处，使之与习俗相关，就有了礼起源于俗的说法"。荀子说："礼以顺民心为本……顺人心者皆礼也。"他全面地从理和俗两方面阐释礼的起源。

通过上述观点和学说,可推断"礼"先于"仪",有了"礼"这一道德规范,方可用"仪"的形式去表现。"礼"与"仪"是密不可分、相辅相成的。

第五种学说理性和民俗伴随着人类的发展产生了礼,似乎是更合乎逻辑,也更加科学。在原始社会,猿类学会直立行走,毛发开始退化,于是在冬天这些原始的人类开始寻找取暖的简单衣物,也就是最开始的树叶,之所以会选择树叶,大半原因是用来遮羞,因为人们已经开始意识到,裸露的身体似乎不是那么文明,这就是最初形态的礼,礼就由此产生。经过数百上千年的进化,人类的礼已经发展到很高深的地步,但它的产生无疑是伴随着人类文明一起产生的。

礼产生于远古,本意为维持自然的"人伦秩序"。孟子提出了"明人伦"这一观点,所谓"明人伦"就是"父子有亲,君臣有义,夫妇有别,长幼有序,朋友有信",后世也称为"五伦"。孟子提出的这"五伦"就是让人们如何处理最基本的五种人际关系,能够维护上下尊卑的社会秩序和道德观念,所以形成的礼仪也沿用至今。礼的产生,既给予了人类之间交往的准则,也应发展需要,创造出一种独特的文化,这种文化不断地进化,并影响着人们,不同时代有不同时代的礼,不同民族有不同民族的礼,它们之间既有不同又有相通之处。

在历史发展的进程中,物质经济飞速发展,人们认识事物的能力不断提高,礼仪的形式和内容也逐渐渗透到了各个领域。在继承的过程中,取其精华,去其糟粕,逐渐形成了规范人们道德观念和

交往的准则，也成为人类文明进步的一个标志。早在春秋时期，孔子曰："不学《礼》，无以立。"这已经透彻地说明礼是一个人的立身之本。荀子亦曰："人无礼则不生，事无礼则不成，国家无礼则不宁。"这更进一步阐释了礼对做人、做事、齐家、治国的重要性。礼在中国文化发展史上历经几千年，最终形成了一套完整的思想和规范，指引和约束着人们的行为和思想。

从以上礼的起源来看，我国自古就以不同形式和不同意识产生了"礼"，尽管角度不同、形式不同，但整体的目标是相同的，在这样的历史文化发展的背景下，礼仪文明也在不断地发展。相信未来礼仪也会是我国主导人类文明的主要手段和必然途径。

二、西方关于礼的起源说

"在西方'礼'最初出现时多指上流社会中的行为规范或宫廷礼仪以及官方生活中所公认的准则。法国国王路易十四将礼仪（etiquette）一词引入西方。当年在一次大型宴请中每一位客人都手持一张卡片，上面书写着每个人必须遵守的行为准则。卡片在法语中对应的词为etiqutee，因此etiquette便具有特殊含义，即一套适合于上层社会的行为规范。此后礼仪在欧洲的宫廷中就流行开来。"

此外，古希腊哲学家对礼仪也有许多精彩的论述。"例如毕达哥拉斯（公元前580—前500年）提出美德即是一种和谐与秩序的观点。苏格拉底（公元前469—前399年）提出，哲学的任务不在于谈天说地，而在于认识人的内心世界，培植人的道德观念。他不仅教导人们要待人以礼，而且在生活中身体力行，为人师表。柏拉图（公元前427—前347年）强调教育的重要性，他指出理想的四大道德目标：智慧、勇敢、节制、公正。亚里士多德（公元前384—前322年）提出，德行就是公正。他说：'人类由于志趣善良而有所成就，成为最优良的动物，如果不讲礼法、违背正义，他就堕落为最恶劣的动物。'从这些哲学家们的观点中可以看出，人的道德是需要礼仪来规范的。"

1922年《西方礼仪集萃》一书问世，开篇中这样写道："表面上礼仪有无数的清规戒律，但其根本目的在于使世界成为一个充满生活乐趣的地方，使人变得平易近人。"[①]人是不能离开社会和群体的，人与人在长期的交往活动中，渐渐地产生了一些约定俗成的习惯，久而久之这些习惯成了人与人交际的规范，当这些交往习惯以文字的形式被记录并同时被人们自觉地遵守后，就逐渐成了人们交际交往固定的礼仪。遵守礼仪，不仅使人们的社会交往活动变得有序，有章可循，同时也能使人与人在交往中更具有亲和力。

中西方关于"礼"的起源学说中，可以看到其核心出发点的外在差异，但是内在核心有一个共同点就是"敬"，不论是中国的天神生礼还是西方的宫廷礼仪，都是为表达敬意才产生的。因此，礼的存在给人类带来了文明的规范、道德的约束、行为的准则。我们应该时常反省和反观自己，看看自己的行为是否符合规范，看看自己的道德是否高尚，正如曾子所说"吾日三省吾身"。通过反观自己不断提升自己的素养。

三、我国礼仪的发展

在中国这块具有悠久历史和文明的土地上，礼仪文化源远流

---

① [美]伊丽莎白·波斯特：《西方礼仪集萃》，生活·读书·新知三联书店1991年版。

长，它包含了社会的方方面面。"礼仪作为一种文化，属于上层建筑的一部分，它是与经济基础相适应的，礼仪文化的发展也是中国文明进程的一个重要标志。"我国的礼仪发展分为两个部分："一是礼俗，是民间形成的礼仪习俗。二是礼制，是国家制定的礼仪制度。在发展的过程中，不断吸收民间优良的礼俗，摒弃一些过时的陈腐的礼俗。礼仪在其传承沿袭的过程中不断发生着变革。从历史发展的角度来看，其演变过程可以分为五个阶段。"①

1. 礼仪的起源时期

礼仪最早起源于原始社会，在原始社会中、晚期（约旧石器时代）最早出现了礼仪的萌芽。那一时期礼仪形式比较简单和虔诚，没有深刻的内涵和其他的意义。例如：开始明确血缘关系的婚嫁礼仪；能够区别部族内部的尊卑等级礼制；确定的一些祭天敬神的祭典仪式；制定了一些人与人相互交往中的礼节和恭敬的动作。

2. 礼仪的形成时期

当人类进入奴隶社会后，统治阶级开始把原始的一些宗教礼仪发展成为符合奴隶社会政治需要的礼制，目的是为了巩固自己的统治地位。因此，礼在这一时期被打上了阶级的烙印。也就在这个时期，中国第一次形成了比较完整的国家礼仪与制度，如"五礼"在这一时期诞生，从人们生活的方方面面制定了礼仪规范和行为标准。同时，这一时期修撰了很多古代的礼制典籍，如我国最早的

---

① 学术论文联合比对库：《现代社交中的公关礼仪艺术》，2018年9月。

礼仪学专著《周礼》《仪礼》《礼记》。在汉以后2000多年的历史中，这些礼仪专著也成了国家制定礼仪制度的经典著作，被称为《礼经》。

3. 礼仪的变革时期

到了春秋战国时期，由于当时的学术界出现百家争鸣的局面，以孔子、孟子、荀子为代表的诸子百家对礼仪的起源、本质和功能进行了系统阐述，第一次出现在理论上能够全面而深刻地论述社会等级秩序划分及其意义。

孔子在《论语·雍也》中说："质胜文则野，文胜质则史。文质彬彬，然后君子。"[1]认为只有既注重品格质朴，又注重礼节仪表者，才是一个有教养的人。孔子对"礼"非常重视，把"礼"看成是治国、安邦、平定天下的基础。他认为"不学《礼》，无以立"，要求人们用礼的规范来约束行为，做到"非礼勿视，非礼勿听，非礼勿言，非礼勿动"[2]。倡导"仁者爱人"，强调人与人之间要有同情心，要相互关心，彼此尊重。

孟子则认为"礼"是对尊长宾客做到恭敬和礼貌，即"恭敬之心，礼也"，并把"礼"看作是人的善性的发端之一。

荀子把"礼"作为人生哲学思想的核心，认为"礼"是做人的根本目的和最高理想。"礼者，人道之极也"，他认为"礼"既是目标、理想，又是行为过程。"人无礼则不生，事无礼则不成，国家无礼则不宁。"[3]礼无处不在，小到个人大到国家，都深

---

[1] 杨伯峻：《论语译注》，中华书局2012年版。
[2] 杨伯峻：《论语译注》，中华书局2012年版。
[3] 方勇：《荀子》，中华书局2011年版。

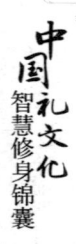

深地影响人们。

4. 礼仪的强化时期

礼仪的强化时期是秦汉到清末的这一段时间，在我国不同的历史朝代，礼仪文化具有不同的社会、政治、经济、文化特征，但它们有一个共同特点，"礼"一直被统治阶级所利用，它是维护封建社会等级秩序的工具。强化时期礼仪的重要特点是"尊君抑臣、尊夫抑妇、尊父抑子、尊神抑人"。在这样的历史演变过程中，"'礼'逐渐成为阻碍人类个性自由发展、平等交往、窒息思想自由的精神枷锁"。

5. 现代礼仪的发展

自辛亥革命之后，受到西方资产阶级"自由、平等、民主、博爱"等思想的影响，中国的传统礼仪规范、制度受到了强烈的冲击。五四新文化运动对传统、落后和腐朽的礼教进行了进一步的改进，符合时代要求的礼仪被继承、完善和延用，腐朽落后和传统封建的一些礼仪制度逐渐被摒弃，同时逐渐开始接受一些国际上通用的礼仪形式。改革开放以后，随着中国与世界的交往日益频繁，西方的一些礼仪习俗逐渐地传入我国并与我国的传统礼仪逐渐融合，新的礼仪形式和内容也融入社会生活的各个方面，构成了社会主义礼仪的基本框架。

在新中国成立后，我国逐渐确立以"平等相处、友好往来、相互帮助、团结友爱"为主要原则的具有中国特色的新型社会关系和人际关系。这也让礼仪进入了一个现代的"新型模式"和发展阶段。

进入21世纪后，现代礼仪的发展也进入了空前的全新发展时期。大量的礼仪书籍相继出版，各行各业也有了明确的礼仪规范和要求。尤其随着经济的飞速发展，讲文明、有礼貌已成为公民的基本素养。加之服务业的激烈竞争，礼仪规范已经成为企业文化和企业发展不可或缺的一项内容。今后，随着社会的不断进步、科技的迅速发展和国际交往的增多，礼仪必将得到新的完善和发展。

四、中国礼学的内涵

> 陈亢问于伯鱼曰："子亦有异闻乎？"对曰："未也。尝独立，鲤趋而过庭，曰：'学《诗》乎？'对曰：'未也。''不学《诗》，无以言。'鲤退而学《诗》。他日，又独立，鲤趋而过庭，曰：'学《礼》乎？'对曰：'未也。''不学《礼》，无以立。'鲤退而学《礼》。闻斯二者。"陈亢退而喜曰："问一得三。闻《诗》，闻《礼》，又闻君子之远其子也。"①
>
> ——《论语·季氏篇第十六》

孔子被誉为我国历史上第一位礼仪专家，他提出"不学《礼》，无以立"的观点，说明一个人学习礼仪的重要性，在陈亢与伯鱼的对话中可以看出，孔子在教育自己孩子和学生的时候都是一样的。正如古语所言："有礼走遍天下，无礼寸步难行。"

"礼"在中国是一种重要的文化形态，它是人类历史发展的产

---

① 杨伯峻：《论语译注》，中华书局2012年版。

物，也是人类社会文明的结晶和标志。它既是一种价值观，又是一种以礼节仪式为内容的风俗习惯。同时，"礼"也是人际交往乃至国际交往中，表示相互尊重、亲善和友好的行为。在《中国礼仪大辞典》中，"礼被定义为特定的民族、人群或国家基于客观历史传统而形成的价值观念、道德规范以及与之相适应的典章制度和行为方式。而礼仪是一个复合词，它包括'礼'和'仪'两部分。礼在内，仪在外。礼的本质是'诚'，有敬重、友好、谦恭、关心、体贴之意。从一定意义上讲，礼是做人的根本，仪是行事的方略。'仪'是外在的具体表现，是人们在日常生活中相互问候、致意、祝愿以及表示相互尊重的惯用形式，即仪表、仪态、仪式"[①]。

总之，礼仪可概括为人们在各种具体的社会交往中尊己敬人的一种表现。用通俗的语言来说礼仪就是让自己和他人舒服的一种交往的方式。礼仪的概念可以从以下三个方面来理解和认识：从个人修养的角度看，礼仪主要体现一个人内在修养和外在的素质；从交际的角度看，礼仪是人际交往中的一种艺术和润滑剂，它是和谐人际关系和提升人际交往质量的方式和方法，是约定俗成的尊重、友好的交往习惯；从传播的角度看，礼仪是人际交往中人们进行沟通的技巧和方法。

为什么要学礼仪呢？这是时代发展的必然需求，精神文明要与物质文明同步发展，才能满足社会发展进步的要求。因为，礼仪是一个民族、一个集体精神面貌和凝聚力的集中体现。学习并遵守礼仪，能够提升个人和社会的精神品位，展现出良好的形象，从而能够助推我国的精神文明建设，进而促进社会的和谐与发展。如果用

---

① 周文柏：《中国礼仪大辞典》，中国人民大学出版社1992年版。

一个字来概括，学礼仪就是为了"美"，为了让个人和集体都能拥有一种由内而外的美好形象。

五、礼的原则

> 怒不过夺，喜不过予。
>
> ——《荀子·修身》

在现代社会中，人与人之间的关系有时显得很近，有时又显得很远，不管怎么样，人际关系都是每一个人必须去面对和处理的问题。对人对事的态度往往决定一个人的命运前途，尤其在职场中处理好人际关系更为重要。所以，掌握基本的职场处事原则和学会把握分寸，可以让你在职场中成为游刃有余、受人欢迎的人。

1. 尊重原则

孔子说："礼者，敬人也。"这是对礼仪核心思想高度的概括。尊重他人是礼仪的首要原则，要做到尊重他人的人格、感情、习惯、意愿等。能够时刻做到对他人的恭敬、友好和重视。在日常交往中，尊重对方是最基本的相处和交往的原则，不仅要尊重对方的喜好和情感，也要尊重和理解对方的信仰和习俗，谨记"入乡随俗"原则，尊重各自的禁忌，保持尊重他人和他人的文化的习惯。在与人交往时，敬人之心要常存，做到相互谦让、尊敬的交际习惯，为自己和他人共同创造和谐愉快的人际关系氛围。

有这样一个故事：大乐师冕去看望孔子。孔子的学生禀报后，孔子亲自出来接冕。在古代，大多数乐师都是盲人，冕也是一位盲

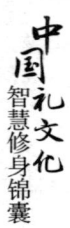

人。当孔子看到冕后,立刻疾步上前搀扶住冕,担心他跌倒。当他们走到门口的台阶处时,孔子对冕说:"老师,您脚下有台阶,请当心。"进了房间后,孔子把他带到座席旁并说:"老师,您脚下是席子,可以坐下了。"于是孔子便扶着冕坐在了席子上。等大家都坐好后,孔子就开始给乐师介绍他的学生们:"子贡在您的左边,前面是颜回,右面是子路……"他把每个学生的位置都一一介绍了一遍。乐师走后,子张不解地问孔子:"老师,您待他的规矩这样多,处处都要提醒他一声,待乐师之道就要这样吗?"孔子回答:"对!不但对看不见的乐师要如此,对一切盲人都应该这样。更何况他是我们的老师呢,这是协助老师的道理。"

常言道:"细微之处见精神。"通过孔子接待乐师冕的这件小事,可以感受到孔子的待人处事之道,特别是在对待残疾人时,更是注意细节、讲究礼数,这不正是孔子的人道主义精神和仁爱人格的体现吗?在日常生活、工作中与他人进行交往时,我们应当学习孔子这种彬彬有礼、待人谦和的君子风范。孔子接待乐师的态度非常恭敬,在日常的交往中也应该以这样的恭敬心对待身边的每一个人。

在这样一个信息发达的时代,真正做到一视同仁、谦卑仁爱的人的确是少之又少,往往是不懂礼仪、自持身价、清高傲慢,结果在职场中四处碰壁、连摔跟头、遍体鳞伤。这就是因缺少礼仪文化的教育和熏陶,正如老子所讲:"上善若水,水善利万物而不争。处众人之所恶,故几于道。"老子提倡做人的方法,就应该像水一样,水滋养着万物,但从来不与万物争高下,这样的品格不就是我们应该学习和修炼的"处事之道"吗?因此,在职场中常怀一颗谦卑之心、仁爱之心、恭敬之心,方能在内心真正做到尊重身边的每一个人。

2. 平等原则

日常交往中还需要遵循平等的原则，要对人、对事做到一视同仁。交往中的"一视同仁"就是对所有的人都应该尊重，绝不能厚此薄彼。在实际的交往中，根据不同的交往对象，可采取不同的礼仪形式，但是在对待他人态度上一定要做到一视同仁的恭敬和尊重。不要戴上有色眼镜区别对待，长此以往势利的品性会影响个人优良品德的塑造。不管对方身份地位高低、有无权力、相貌美丑，都应该一视同仁地尊重对方，这样的交往可使双方获得心理上的满足、精神上的安慰和道义上的支持。

英国著名戏剧家、诺贝尔文学奖获得者萧伯纳有一次在莫斯科街头散步，遇到了一位聪明可爱的小女孩，他与小女孩玩了很长时间，临走的时候，萧伯纳对小女孩说："回去告诉你妈妈，今天同你玩的是世界著名的大作家萧伯纳。"小女孩看了萧伯纳一眼，学着他的口气说："回去告诉你妈妈，今天同你玩的是莫斯科小女孩安妮娜。"萧伯纳一时语塞。后来萧伯纳每每提起这件事的时候，都十分感慨地说："一个人不论有多大成就，他在人格上与任何人都是平等的，对任何人都要永远谦虚……这就是莫斯科小女孩给我上的课，我一辈子也忘不了！"

通过这个案例给我们的启示是，在社会交往中不论你身份地位有多么高，在与你无关的人面前人人平等。不论你是领导还是将军，社会众生平等，要学会在不同的场合区别看待自己的身份，职场中明确上级下级关系，家庭中明确夫妻关系，社交中明确平等关系。因此，不能将自己的身份在任何场合混为一谈，这样不但会给

他人留下不良的印象，同时也会给自己带来尴尬。

3. 适度原则

子游曰："事君数，斯辱矣；朋友数，斯疏矣。"①孔子的学生子游说："如果你有事没事总是跟在国君（领导）的旁边，虽然表示亲近，但离自己招致羞辱就不远了；你有事没事总跟在朋友旁边，虽然看起来亲密，但离你们之间疏远也就不远了。"从这段话中我们可以明白一个道理，人与人之间交往时，要保持一定的距离，把握好亲疏的分寸，这样才会在人际交往中更胜一筹。适度原则就是在做人做事的方方面面把握好分寸尺度，不要给自己和他人带来不舒服的感觉。在与人进行交流沟通时，控制好人与人之间的距离和分寸，这样可以保持一个友好、持久、健康的人际关系。

孔子认为，太过疏远和太过亲密的关系都不是最佳状态，所谓"过犹不及"。如果在交往中过于热情，或者过于冷漠，都会影响和谐稳定的人际关系，比如在和他人的沟通中，言行举止都过于拘谨，就很难形成宽松融洽的沟通氛围，进而会影响沟通交流的效果；或者在人际交往中不够重视对方，言语态度随意冷漠，则会给对方带来反感之意。所以，适度原则要求在人际交往中把握言语适度、举止适度、感情适度、距离适度。能够把这些适度原则运用到人际交往中，需要把握好交往的分寸，注意交往中的技巧，并在日常的社会交往中多学多练。

在今天的社会中，人与人之间的沟通障碍越来越多，尤其城市里的高楼大厦似乎将人情也进行了隔离。因此，掌握人际交往的适

---

① 杨伯峻：《论语译注》，中华书局2012年版。

度原则更为重要。

4. 宽容原则

礼仪中所讲的宽容原则是指不过分计较对方行为上的差错或过失。能够做到心胸宽广、大度谦让等，正如孔子所言"宽则得众"，一个心胸宽广的人往往能够赢得他人的爱戴和敬重。在日常的生活中每个人都应该学会宽容，做到宽容，遇事能够换位思考，真正做到"己所不欲，勿施于人"，能够设身处地地去体谅和理解对方，宽容地认同社会中的每一个人，尊重和包容每个人的思想、兴趣、习惯、爱好等。不要用自己的标准去要求所有的人，遇到与自己言行相悖的人，在不违背道德和礼仪规范的前提下，保持平和、宽容的态度，这也是自身修养和精神境界的体现。

> 正如我们大家都非常熟悉的"六尺巷"的典故：清朝大学士张英的家人与邻居因修房砌墙越过了中界而发生了争执。张英的家人便写信想请他出面制止和做主。但万万没想到张英收到家书得知情况后，在回信中写道："一纸书来只为墙，让他三尺又何妨。长城万里今犹在，不见当年秦始皇。"①家人收到回信后，十分愧疚，立刻退让了三尺；吴家被张家的举动感动，也退让了三尺。"六尺巷"由此而得名，并成为一段千古佳话。

常言道："宰相肚里能撑船。"当你宽容他人时，就是放过了

---

① 摘自清朝大臣张英《让墙诗》。

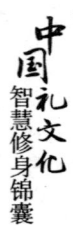

自己。在生活中不要刻意地在意得与失，斤斤计较利益收入。用宽容、平和的心态去面对工作、生活中的每一个人和事，因为宽容所以接纳，因为接纳所以收获，因为收获所以成功。由于宽容原则在每一个人的工作、生活中说起来容易，但做起来比较困难，因此，需要我们在生活中不断的修炼，提高自身文化修养的同时也要提高自身的礼仪修养，练达"修己以安人"的精神境界。

5. 自律原则

孔子曰："君子有三戒：少之时，血气未定，戒之在色；及其壮也，血气方刚，戒之在斗；及其老也，血气既衰，戒之在得。"这段是孔子提出关于自律的观点，他告诫人们要进行自我约束和自我控制。在日常生活中能够做到自律是一件非常不容易的事情，自律需要有原则、能控制，甚至需要强大的意志力，如果一个人在没有任何人的监督之下，依然能自觉地按照礼仪规范约束自己的行为，相信你已经成为一位非常优秀的选手了，因为，一个人的最高境界是能够做到自律。

学习礼仪的目的不仅是要了解礼仪的内涵和真谛，更重要的是将礼仪在生活中能够应用起来。任何一个人，不论身份地位的高低、经济的贫富，都应该自觉地践行礼仪，传承中华文明，让自己成为一个彬彬有礼、受人欢迎的中国人。

成功企业家、自律典范——万科集团董事长王石，是一位一丝不苟、西服笔挺、仪态潇洒的老板。有一次，王石被中央电视台邀请做节目，主持人让现场的企业家们写下"你认为作为一个企业家最重要的信条"时，大部分企业家写下的答案是"诚信",只有王石写的是"社会责任"。

2008年5月12日,汶川发生了特大地震,面对这场突如其来的灾难,万科也迅速响应承诺用一亿元来做灾后的重建。王石作为万科的掌门人,通过参与灾后重建这一重大决策就体现了他高度的社会责任感,充满了"安得广厦千万间,大庇天下寒士俱欢颜"的悲悯情怀。他敢于承担责任的勇气和对社会援助的行为就是对自律最好的诠释。

在他花甲之年依然为国人创造感动,到底是什么力量让王石这样坚持呢?他说:"站在整个人生的角度,管理企业与登山不无关系,同样需要坚忍的意志和不懈的精神。而登山,更如人生一样,虽时常不能预知结果,但只要坚持,终会成功。登山是人生的浓缩,之前,因为成功而有机会登山,而现在我仍需要继续攀登一座山,那就是每个人心中的那座峰。"①王石的自律折射出了很多优秀的品格,他在自律中赢得了尊重,获得了超脱。自律让他更真实,更自由!

6. 真诚原则

真诚是做人的一项原则,每个人都希望别人能够真诚地对待自己,不论是亲人、朋友或同事,人人都希望获得真诚。能够真诚对待身边的每个人看似很简单,在实际的交往中真诚却是难能可贵。在生活中养成言行一致、表里如一、诚实善良的习惯,真诚对待身

---

① 摘自王石:《生命在高处》,载《新远见》。

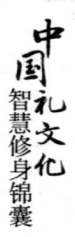

边的所有人，你也会被真诚相待。

真诚是打开人际交往之门的一把钥匙，如果对人对事不够真诚，这样是无法保证交际效果的。交往中如果能够用心交流和沟通，真诚和善良一定能够打动对方，并得到他人的认可。尤其在职场交往中，真诚的关怀能够抚慰失落、疲惫的心灵；真诚的帮助能够让陷入困境的人获得新生力量，还能够给生活多一分宽容、多一分理解、多一分关怀、多一分和谐。

春秋战国时期，因为战争频繁、人心慌乱，商鞅在秦孝公的大力支持下主持变法。他为了在百姓心中树立自己的威信和推进变法的改革，便下令在都城南门外竖起一根三丈高的木头，然后当众许下诺言："谁能把这根木头搬到北门，赏金十两。"围观的人窃窃私语，大家都不敢相信这么容易做到的事能给如此高的奖金。结果没有一个人肯出手一试。商鞅思考片刻把赏金提高到了50金，奖金被提高后终于有人站出来将木头扛到了北门，商鞅立即兑现了承诺，赏了这个人50金。商鞅遵守承诺，这件事在百姓心中树立了很好的威信，接下来他的变法就很快在秦国推广开来，新法也使秦国逐渐强盛，最终统一了中国。

在商鞅"立木为信"的地方，曾经还发生过一场令人啼笑皆非的"烽火戏诸侯"的闹剧。

周幽王的一位宠妃名叫褒姒，褒姒平时几乎不笑，周幽王为博取褒姒一笑，下令在都城附近的20多座烽火台上点起烽火——古时点燃烽火就是向边关发出报警信号的意思。当烽火点燃后，各诸侯们看到以为发生了紧急情况，纷纷率兵赶来，结果一看是周幽王为博取宠妃一笑而搞的闹剧，大家都很生气地离开了。褒姒看到平日威风凛凛的诸侯们被耍后生气的样子，终于开心地笑了。五年之后，酉夷太戎大举攻周，周幽王烽火再次点燃，诸侯们一个率兵出动的都没有，因为大家不愿再被戏耍，周幽王被逼自刎，褒姒最后也被俘虏。

一个"立木为信"，遵守诺言；一个"帝王无信"，戏耍诸侯。产生的结果大不相同，前者因为守信使变法成功，国势逐渐强盛；后者因为无信儿戏，最后自取其辱，导致身死国亡。由此可见，"真诚"多么可贵，真诚守信对一个国家的兴衰存亡都起着非常重要的作用。因此，日常在提高自己修养的同时，一定要将真诚守信作为一个重要的准则来诫勉自己，以身作则，答应他人的事一定言而有信，承诺做到的事，必须努力实现。

六、中西方礼仪文化差异

中国是四大文明古国之一，中华民族也是唯一传承千年文明的民族。"中国礼仪文化，始于夏商周，盛于唐宋，经过不断地发展变化，逐渐形成体系。西方社会是几大古代文明的继承者，曾一直和东方的中国遥相呼应。经过中世纪的黑暗，最终迎来了文艺复兴，并孕育了资本主义和现代文明，产生了现代科技和文化。"中西方文化有着很大的差别，中国文化主要以人文精神为主干，西方文化主要源于宗教文化。

中国人和西方人生活的文化背景不同，风俗习惯不同，宗教信

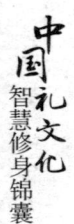

仰不同，思维方式不同，各自表现出的礼仪也各有不同。西方文化认为人性是恶的，通过宗教的救赎，进而寻求自我的解脱；中国文化则认为人性是善的，①并认为这个善是与生俱来的，通过培养、教育，让它茁壮成长。钱穆先生说："中国文化的核心是礼。在西方语言中没有'礼'的同义词。"②钱穆先生又说："礼是整个中国人世界里一切习俗、行为的准则，标志着中国的特殊性。正因为西语中没有"礼"这个概念，西方只是用风俗之差异来区分文化，似乎文化只是影响其所及地区各种风俗习惯的总和。"彭林教授在《礼乐文明与中国文化精神》一书中高度认同钱穆先生的观点，他谈道："游遍欧洲八国只需要几天，而在中国用同样的时间游八个省都很难！因为在西方人眼里只要方言和风俗不同，就是不同的国家，而中国各地方言、风俗差距极大，东西南北不光距离跨越极大，风俗习惯以及方言差距更大并很复杂。中国几千年来都是统一的，因为中国文化在方言和风俗之上，有一个更高的东西，就是共同的道德理性的具现，就是'礼'。"③那么，这个"礼"造就了中国人共同的文化认同感，这一点是与西方无法比较的。随着中西方文化的不断发展，中西方文化的不断融合，中西方逐渐地开始接受和适应彼此的文化习俗，能够互相影响并彼此尊重对方的礼仪文化及习俗等。

礼仪是文化的重要组成部分，什么样的文化背景就会形成与之相适应的礼仪文化，中国的礼仪文化背景主要来源于春秋战国时期

---

① 彭林：《钱穆给美国学者上了"一堂中国文化课"》，载《北京日报》，2017年3月20日。
② 彭林：《礼乐文明与中国文化精神》，中国人民大学出版社2016年版。
③ 彭林：《钱穆给美国学者上了"一堂中国文化课"》，载《北京日报》，2017年3月20日。

的儒家思想、墨家思想和道家思想,特别是孔子的仁爱思想成为中国文化的基石,中国的礼仪文化也就呈现出谦卑、含蓄、仁爱的特点。西方文化背景主要来源于基督教,上帝和《圣经》对西方形成了2000多年的影响,在西方文化中《圣经》表现出的尊重、自爱、平等等价值观成为西方文化礼仪的基础。[①]中西方文化上的差异导致中西方礼仪在形式、内容上的不同表现,成为世界文化中曼妙的并蒂莲花。也由于文化背景的差异,使得礼仪在表达形式的方方面面都存在很大的差异。

1. 问候语的表达形式不同

因为文化背景以及地理环境的差异,中国和西方在问候语的方式上完全不同,汉语中一些打招呼的形式往往使西方国家的人感到非常诧异。比如:中国人见面后通常会问吃饭了没有,其实这一问候意图并不是真的在意对方是否吃饭,而是一种极为平淡的日常问候语,这样的问候方式深刻地体现了中国老百姓纯朴敦厚的性格和人与人之间真挚、温情的关系,也体现出了中国人对个体生命的真诚关怀。而这种问候语用英语直译过来却无法被讲英语的国家的人理解和接受。例如英国人见面寒暄会以天气状况为主要话题,这与英国的地理位置有关,他们对天气比较敏感,同时谈论天气也是一个比较公共且不会涉及个人隐私的话题。但是,中国人寒暄时往往喜欢谈到年龄、收入和家庭等比较涉及个人隐私的话题,从谈论话题的这个角度就可以看出,中国文化更偏向于家庭化,这和我们长期以来的文化背景有着密切的关系,中国人更重感情并以家

---

① 刘玥、刘博:《中西方文化礼仪差异》,载《黑龙江科学》,2014年,第12期。

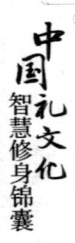

庭为主。但这一话题对其他国家的人来讲,就是一种不礼貌且探测他人隐私的一种行为,这样很容易造成文化的冲突,进而产生误解。

2. 称谓体系和使用规范的不同

中国文化中对称呼非常讲究,如果称呼不当或见到人不打招呼会被认为是失礼的行为。中国的称谓语中最明显的一个特点就是"贬己尊人",这一点从过去的称谓语中表现得非常明显,例如:鄙人、在下、寒舍、贱内等;西方的称呼就没有这样的情况,当然西方的称谓语也没有中国的称谓那么丰富。西方国家多以名相称,尤其是美国人,这样的称呼是关系密切、彼此较为熟悉的表现,如:兄弟姐妹之间,同事、熟人或朋友之间,都可以名相称。如在美国,学生可直呼教师或教授的名字,这种以名相称的方式反映了文化的不拘形式,这与中国的称谓存在很大的差异。

3. 价值观念的差异

中西方文化在价值观念方面也有很大的差异,现代西方价值观念的产生始于英国维多利亚时期,当时西方价值系统以社会价值为基础,力图通过个人的努力来建立更为有效的社会秩序,进而体现出价值,西方的价值观念中把人性看作是人的天然属性,因此,他们认为"人,生而平等"。因此,在西方文化中比较强调人的"尊严",他们认识到理性的光辉,力求以对个人利益的尊重来完善社会,使每个人的生活都充满乐观与信念。所以,西方文化中不排斥对个人利益和价值的尊重。[1]而中国传统价值观念中,恰恰将利益、

---

[1] 刘玥、刘博:《中西方文化礼仪差异》,载《黑龙江科学》,2014年,第12期。

金钱和地位等都放在次要位置，将文化价值放在首位，认为过于注重个人利益是有悖于"君子"修性的，这一价值观念就造成中国传统价值观念以仁爱为中心，提倡君臣、父子、夫妻、兄弟、朋友要做到"忠""恕""孝""悌"，建立起仁爱为中心的社会和家庭架构，进而形成国家。因此，在中国传统价值观念的长期影响之下，中国礼仪文化比较注重和讲究长幼有序、尊卑清晰，这与西方特别是英美国家的礼仪文化和价值观念都有着巨大的差别。

4. 社会习俗的差异

在社会习俗方面中西方差异也较大，西方传统中以尊重女性和照顾女性为原则。在现代各种交际中都以"女士优先（Ladies first）"为交际原则。而在中国"男尊女卑"的思想观念，一直在传统社会习俗中占据着不可动摇的地位，给中国人留下了极深的烙印。[①]但随着经济的发展，人类文明的不断进步，中西方文化的相互融合，现代中国人逐渐开始接受并能够遵循"女士优先"原则，尤其女性的地位也逐渐发生变化，摒弃过去的一些封建思想，这也是中西文化交融发展的成果及进步。

5. 馈赠礼品的差异

在中国非常讲究礼尚往来，尤其在中国的节日里，人们更讲究互赠礼物，为人际交往和增进情感进行铺垫。日常的拜访也会以礼物作为对对方的敬意或礼节性行为。除此之外，日常的婚、丧、嫁、娶、生日等也都要送礼以示敬意。

---

① 程琳：《和谐政治视野下的女性参政研究》，燕山大学，2011年。

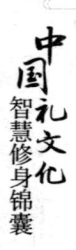

　　西方在馈赠礼仪方面，更注重简洁便利，他们比较反对过于复杂和过分的客套，甚至一般情况下不会轻易送礼给别人，除非相互之间要建立较为稳固的人际关系。西方在送礼形式上也比东方简单很多，他们对礼物的选择通常不会像中国人比较注重面子问题，不会选择过于昂贵或是过于廉价的礼品，而是更注重礼品的包装、文化格调和艺术品位。

　　在送礼和接受礼品的方式时中西方也存在着较大的差异。西方人送礼时，会向馈赠人直截了当地说明为对方精心挑选的礼物等语言，对方也不会推辞，而是欣然接受并表达谢意，而且会当面拆开礼物，表示感谢的同时会夸赞礼物。而中国人在馈赠礼品时一般都会说一些客套话，例如"这是我的一点小心意、请您笑纳"之类的话。在接受他人赠送的礼品时，一般都会很客气地推辞，尤其是关系不是很亲近或熟悉的人，收到礼品后不会当着馈赠之人的面拆开礼物。从馈赠礼品的习俗中不难看出中西方文化中的人与人交往的明显差异，西方人希望更加简单、直接，而中国人更加含蓄、繁复。

6. 家庭观念的差异

　　西方家庭结构较为简单，基本为"父母和孩子"的二元结构，多数老人在经济独立或者有自理能力时采用分开居住的方式，老人更愿意从精神和荣誉上给予引导，而很少从金钱、体力上给予帮助。同时子女也认为自己代表着希望，如果跟老人长期住在一起将会在荣誉、自尊、能力等方面受到限制和损害，因此也不会轻易组成老少几代的大家庭，这是西方社会的文化特色，同时也形成了西方礼仪文化的特点。在西方家庭中，家庭成员被视为平等的主体，每个人有平等的发言权,甚至西方的孩子还可以直接称呼祖父母的名字,而这一点在中国会被视为极其无礼和缺乏家庭教养的行为。中国人的家庭观念是"集体生活",认为家族人口越多能够一起生活才是幸福和兴旺的家庭。在中国家庭的结构属于"老人、子女和孙子(女)"三元结构,家庭成员习惯性地会在一起居住和生活,尤其是在孩子养育和经济方面,中国家庭有彼此支持和相互依赖的特点,使得三代一起居住和生活的特性更加明显,很多年轻人对待孩子的养育基本交给老人来完成,这使得年轻人对老人的依赖性更强。同时,中国人也比较讲究尊重长辈和服从长辈的管教,在家庭生活模式中年轻人一般比较听从长辈的安排和教导,这与西方的家庭观念存在着巨大的差异。

7. 时间观念的差异

谈到时间观念,各个国家对待这一问题都有着很大的差别。就西方人而言,他们的时间观念极强,做事非常讲究效率。他们做任何事情都会提前做好安排,甚至计算好时间,不会随意改变行程和安排,否则在他们眼里会是极度浪费时间。他们常常会把是否遵守时间当作判断对方工作态度及人格品质的依据,和西方人打交道一定要注意守时。因为比较重视守时,进而也培养了他们严谨的工作作风,所以西方人通常做事都会井井有条。还有一点非常重要和值得我们学习和借鉴的是西方人工作时间和业余时间区别得非常清楚,他们在自己休假的时间绝对不会谈论工作问题,甚至在休假期间会断绝一切与工作相关的交往,安静地享受自己的休假生活。

中国在时间概念上相比西方人是比较随意的,时间观念也较差一些。会对待时间和工作比较随意，假期时间与工作时间经常混淆使用，因此，也造成了很多人的低效率工作状态和疲劳工作。甚至经常会随意地改变原定的时间和先后顺序，这样会显得非常不严谨。比如，我们经常遇到的共性问题，开会迟到或延长时间，等等。这些都会影响国人培养严谨细致的态度。

8. 集体主义认同的差异

通过中西方的发展历史，集体主义和个人主义可以很好地鉴别中西方文化的重要特征。西方人比较注重和尊重个人的利益，他们更加注重发挥每个个体的优势，认为这样才能够推进社会的发展，也比较尊重个体的身份和个性，比较开放和自由地让千万个个性和身份独特的人才来构建丰富多彩的世界，当然西方文化中的个人利益并不是我们常理解的自私自利，而是在尊重个人的利益与价值的同时能够实现集体和社会的发展。

在中国的文化中比较推崇集体主义，这与西方的观念存在的差异较大。不论是孔子的"仁爱"思想还是墨子的"兼爱"思想都对集体主义有着共同的肯定与鼓励，在中国传统意识中，往往认为集体作为基础才能够有个人的利益，也常会将个人的成功归结于集体共同努力的结果，也常常将集体荣誉置于个人荣誉之上，在中国长期集体主义文化的熏陶让国人形成了一种大局意识，例如：对待应急事件的时候，中国人会将个人抛之脑后，都会以集体为重，认同和接纳相应的政策和管理，这种文化也表现出了强烈的"东方智慧"。

中西方各国在各自不同的文化背景下形成的不同礼仪形式，相互间在交流的过程中，难免会发生碰撞和误会，各国能够通过相互包容、彼此理解各自文化，在保留各自传统文化和习俗的前提下，吸纳对方优秀的文化元素，以达到相互间的融合。

尤其在当今世界，礼仪文化内容更加广泛和丰富，这就需要我们在保持原有的传统礼仪的基础上，西方的礼仪文化相互交流和借鉴，在不同的场合注意礼仪规范的恰当运用，能够做到"适己性"的原则，不要一味地追求西方礼仪文化中的规范，在深入了解中西方礼仪文化的差异中，将中西方礼仪文化合理有效地融合，灵活使用，因地制宜，从而达成和谐社会的理想。

七、礼仪在个人成长中的作用

在现代社会中，礼仪在个人成长中的作用尤其显得重要，礼文化不仅是中华民族的优秀文化，同时也是展现一个人修养、风度、气质和魅力的要素，也体现出一个人对社会的认知水平、个人的学识和修养等。在激烈的社会竞争中，一个人的综合素养显得尤为重要，成功的职业生涯不一定要求你具备多么高的知识和能力，更重要的是你是否具备人际交往的能力和技巧，是否具备较强的沟通能力和恰当处理问题的能力。只有掌握了人际间交往的能力，未来在职场中才能游刃有余地处理好人际关系，与同事建立和谐、友好、合作的关系，从而使自己的事业得到更好的发展。

同时，礼仪也会给我们个人成长带来很多积极的影响，并赋予你能量感。首先，学习礼仪可以提高自身的修养。荀子曰："礼者，养也。"礼仪即教养。在人际交往中，礼仪可以衡量一个人的文明程度和个人修养。我们通过学习礼仪、运用礼仪，不仅可以提升自我修养，也可以影响和改变周围的人。通过礼仪规范自己的仪容仪表、言行举止、行为道德等，提升自身的素质，真正做到知行合一、内外统一。

"一杯茶就能看出你水底下的冰山"，以下三种人在接受别人敬茶时表现不一。

第一种人：给他倒茶的时候，他一动不动显得很心安理得；

第二种人：给他倒茶时，他接过茶杯，连声向倒茶的人道谢；

第三种人：给他倒茶时，他立刻站起来并抢过茶壶说："我来，我来……"

社会需要的就是第三种人。如果这是一次隐性面试，你能通过吗？

其次，礼仪可以提升个人魅力。日常生活、工作中我们要注意外在的形象礼仪，在当今社会，不得不承认的一个现实就是很多时候人们会以"貌"取人，那么这里所讲的"貌"并非是你长得是否好看，而是你是否"妆"得好看，这里的"妆"指仪容和仪表。未来在职场中的你如果妆容清爽、服装得体，相信你一定会成为一个受人欢迎和尊敬的人。孔子曾夸赞管仲曰："微管仲，吾其被发左衽矣。"这句话的意思是："如果没有管仲，我们都得披头散发地去穿北方少数民族的衣服了。"当时管仲辅佐齐桓公抵御北方少数民族的侵扰，左衽就是北方少数民族的服装，右衽即汉服。可见在他的心目中对衣冠发饰十分重视。因此，在职场中注意自己的外在形象，并管理自己的形象，可以提升个人魅力。

最后，学习礼仪可以让我们拥有和谐的人际关系。常言道："世事洞明皆学问，人情练达即文章。"这句话阐述了人际交往的重要性。职场中讲究礼仪可以使个人在职场交往中赢得尊重、友好和自信，增进彼此的了解与信任，还可以让个人心胸豁达，接纳不同个性、不同民族、不同国家的人。这样不仅可以促进社会交往的进一步发展，也可以更好地获取人际交往的成功，造就和谐愉悦的人际关系，取得事业的成功。

八、礼之当下

前面从中国礼学的历史回顾到礼仪的内涵，再到礼仪的原则和东西方礼仪文化的差异，进行了详细的梳理，对"礼"的认知有了基本的概念，接下来谈谈"礼"之当下。当今社会有人张扬、有人内敛，甚至有人永远只活在自己的那方天地里，无论什么样的人我们都有一个感受，就是礼的教育太重要了。常言道："先学做人，再学做事。"可是，很多人在成长的过程中缺失了"礼"的教育，总让人有种美中不足的遗憾，诸如：大学校园经常出现着装奇异、妆容浓艳、言语粗俗、行为粗鲁的人，还有些人见到师长、上司形同陌路，不能接受他人的批评，甚至不懂得感恩，花钱如流水，不去感念父母养育之恩和不易之情。让父母负重前行，他们奢侈浪费。9年义务教育，3年高中苦读，到大学后的放纵和茫然成了阻碍很多人健康向上的一个重要问题。回头看看那12年走过的路和读过的书，似乎都在匆忙和焦虑中度过，不论是学校教育还是家庭教育都出现了相应的失衡，知识是学到了，但是德育缺失了。当步入社会后因德育的缺失而不能在自己的工作岗位上担起应有的责任。

习近平总书记在党的二十大报告中强调"青年强，则国家强"，指出"当代中国青年生逢其时，施展才干的舞台无比广阔，实现梦想的前景无比光明"，对广大青年提出了"立志做有理想、敢担当、能吃苦、肯奋斗的新时代好青年"的要求。青年是国家的

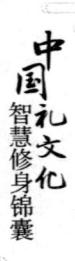

主力军，也是民族复兴的主要力量，在当今的消费经济时代和娱乐化时代的影响下，很多人崇尚自由主义、利己主义和享乐主义等，殊不知，在这样的发展中会让自己的精神更加匮乏，内心更加不安，让青春就此而遗憾地虚度。心中有明确的目标才能树立远大理想，并为之努力奋斗，不断地修炼自身、涵养品格，才能成为有担当、有责任的坦荡君子，莫让时光辜负自己与爱你的人。因为"士不可以不弘毅，任重而道远"，让我们秉承中国文化的精神，努力做一个"明理知耻、崇德向善、勤俭习劳、感恩奉献"的中国人。

修身锦囊

"礼，不妄说人，不辞费。礼，不逾节，不侵侮，不好狎。修身践言，谓之善行。行修言道，礼之质也。"

——《礼记·曲礼上》

由这段话，让我们认识到，礼是人格修养的一把标尺，能够量出一个人的修养高度在哪里。因此，我们要学会时常反观自己、照见自己，并及时地修正自己。学礼的过程就是为心灵去弊，从而达到明礼修身之境界。

第二章
知礼行礼——传承中华文明

一、关于礼的认知

"认知就是认识和知道,是判断和思考,是决定言行结果的前提。"因此,我们要培养正确客观的认知能力。正确的认知就是让人们明确目标,知道自己的需求,掌握好进退的尺度,从而坚定地前行。

礼教最能体现一个人的教养,如果你的父母知书达理就会塑造你温文尔雅、彬彬有礼的教养品格;如果你的父母粗鲁刻薄,那烙在你身上的印记一定也是粗鲁和苛刻。很多人对"礼"的认知仍然停留在怎么打扮、怎么站立、怎么握手等层面。而在中国传统文化中"礼"是具有两面性的,向内通达内心做到道德自律,向外体现在行为举止之中。因此,学礼要先正心,再修身。

礼教还可以帮助我们解决三大关系:与自己的关系,与他人的关系,与自然的关系。很多时候我们在做选择和判断的时候都处在主观的层面,片面地思考。有些人在成长中由于认知浅薄,好奇心强烈,急于去探索和尝试一些新鲜的事物,结果让自己遍体鳞伤还一无所获,这时候你受到的伤害以及挫败都让自己陷在一个无法自

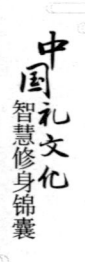

拔的状态，我想此时最好的方式就是和自己和解，放下过去，选择前行，并带上思考和客观判断事物的能力，给自己一个目标和方向，并为之付出努力，驶向彼岸。

《论语·为政》中孔子对自己的人生作了高度总结，子曰："吾十有五而志于学，三十而立，四十而不惑，五十而知天命，六十而耳顺，七十而从心所欲，不逾矩。"①它给我们的启示是人在什么年龄就该干什么年龄的事。不要在该奋斗的年纪里享乐，而在该享乐的年纪里受罪。因此，从日常的生活、交往中培养自己的恭敬之心，学会感恩，学会敬畏；从学习中培养坚定的态度，减少因迷茫而带来的患得患失；从生活的细节中，培养从容优雅的样貌。这就是"礼"能够带给我们的影响，这也是我对礼的认知，希望广大青年朋友们在学习的时候不断深入地去认知中国文化的这颗"心"。接下来从知礼行礼的角度开始从外及内地剖析和理解这颗"心"。

二、君子九容

"君子九容"出自《礼记·玉藻》，是这样描述的："君子之容舒迟，见所尊者齐遬，足容重，手容恭，目容端，口容止，声容静，头容直，气容肃，立容德，色容庄，坐如尸，燕居告温温。"意思是说："君子的仪容要娴雅从容，见到尊长的时候就要迅速迎侍，举步要稳重，抬手要恭敬，目不斜视，口不妄言，声不粗厉，头不偏斜，呼吸平静，站立时显出很有德行修养的样子，面色

---

① 杨伯峻：《论语译注》，中华书局2012年版。

矜庄，坐时应该如受祭的人那样庄重，闲处而指使人的时候态度温和可亲。"① 杨天宇在《礼记译注（上）》关于如何读《礼记》中讲到，礼记中也有很多不适应现代文明体系的糟粕内容，我们也是取其精华，去其糟粕。例如君子九容没有用到"坐如尸"，看到"尸"这个字，给人的感觉就是僵硬、冰冷。因此，被现代人所沿用的君子九容："足容重，手容恭，目容端，口容止，声容静，头容直，气容肃，立容德，色容庄。"②我们学习圣贤，遵循先贤的教导，融于当下生活，践行到日常的言行举止，从而培养人的君子之风和淑女之德。让我们保有一颗感念之心，带上先贤的智慧去深入学习。

1. 足容重

每个人的站立和行走的姿势，都在向人们传递你的自身修养，甚至还可以从这些姿态中看到你的家教和门风，足容重就是要求我们要举步稳重，走路不能摇摆，脚步声音不能拖拉，不能歪斜等。因为，每个人的行为语言都是一种内心的表达。无论站立或是行走都应该做到脚下生根，重心于心、挺拔舒展、大方得体、从容优雅。

在日常生活中，站姿及行走的

图2-1 足容重

---

① 杨天宇：《礼记译注（上）》，上海古籍出版社2016年版。
② 杨天宇：《礼记译注（上）》，上海古籍出版社2016年版。

姿态也会随场合而不同，不同的场合，不同的事件，你的站立姿态和走路姿势，就应该有所表达。例如：有时需要坚定从容，有时需要疾步向前，有时需要优雅亲善，有时也可能会紧张局促……无论怎样，请记住只要你的体态和步伐能够做到恰到好处和应景即可。

(1) *足容重——行姿要领*

双腿并拢，小腿大腿内侧肌肉收紧，臀部收紧，抬头挺胸，收腹立腰，双肩打开下沉，脖子拉长，目视前方，面带微笑，下颌微收，身体重心放在两腿之间。正确的走姿应当是身体保持直立状态，腹部收紧，腰部立起，目视正前方，双臂自然摆动，前摆向里大约35度，后摆向后约15度，保持身体平稳，双脚脚尖可微微向外伸出，脚步均匀迈出，女士在走路时要尽量走在一条直线上，两脚之间相距约一脚或一脚半的距离。男士应走在两条平行线上，在走姿中保持步伐的稳健、自然、刚劲、有力。

走姿在起步的时候，身体要略微前倾，重心落于前脚掌及双脚内缘，行进中身体的重心要跟随脚步的节奏向前移动，注意不能让重心停留在后面的脚上，这样会出现不良姿态，甚至会影响整个体态形象。此外，还需要注意身体与手臂摆动幅度要协调，步幅的大小要根据身高、着装、场合的不同进行调整。特别是女性在穿裙装、旗袍时步幅要小一些，这样才能凸显女性优雅的气质；如果穿休闲装或运动

图2-2　行姿要领

装时步伐就可以大一些，从而凸显与着装相匹配的活力与热情。

（2）足容重——行姿礼

常言道"行如风"，是说人行走时，如风行水上，有一种轻快自然的美。因此，在行进中不但要体现优美的体态，还要注意不同场合下行进的规则，"掌握规则远胜于展现自我"，在行进中，必须保持正确的行姿要领，行为规范必须符合礼仪秩序的要求，行进中尽量不要吃东西，因为很多国家在这方面是有禁忌的，当然从卫生和雅观的层面讲也是不可取的，也尽可能地在行进中不要手插衣兜或裤兜。

（3）足容重——行进位次

中国比较讲究位次礼仪，在行进中一定要注意位次细节，以免造成失礼行为。如果是两人一起行走，在行走的位次规则中，通常遵循以右为尊和以前为尊。比如生活中我们要和长辈或上司一同行走的时候，应该站在他们的左侧，以示对对方的尊重。如果男士和女士一起行走，为体现对女士的尊重和遵循"女士优先"原则，则男士走在左侧，女士走在右侧。如果三人一起同行，同行者都是男士或者是女士，通常中间的位置为尊位，右边次之，然后是左边；如果遇到人数较多的情况，遵守"以前为尊"的原则。

（4）足容重——道路行走礼

通常在道路上行走时，要注意不能三人以上并排行走，这样不但会给他人带来不便，而且会有安全隐患；在行走时注意走在道路右侧，将左侧留给疾行人，同样乘坐手扶电梯时也遵循"右立左行"，站在扶梯右侧，将左侧让给疾行人。生活中我们常常遇到人们在乘坐扶梯时都是横在扶梯中间，"右立左行"的这一礼仪规则在国人的身上还有待进一步的提升。

行走礼仪规则是为了让人们更加注重礼让和安全，而不是来束缚人们，当在任何场合都将规则视为习惯的时候，即使遇到紧急情况，也会井然有序。好的规则养成习惯还可以提高国民整体素质，构建文明社会。

（5）足容重——行姿禁忌

站立姿态和行走姿态都是以视觉信号反馈到他人眼中的，因此，别人会通过视觉捕捉你的行为及不良的动作，生活中无论站立还是行姿都不能破坏他人的视觉感受，处处都应该体现出你大方、端庄、有礼的形象和素养。因此，在走路姿态中要克服内、外八字步，尽可能克服前倾性的走姿，即头先伸出，腰和臀部后跟上来的走姿；女性勿走两条平行线，那样显得很粗鲁，尽量走在一条直线上；不要出现夹臂或甩小臂的不良姿态；克服弯腰驼背、肩膀摇摆、身体松垮、脚步拖拉的走姿习惯，因为这些不良走姿形态都会给他人留下不好的印象，同时也会使自己的形象打折。

2. 手容恭

手容也属于仪容的一部分，"恭"是恭敬、礼貌之意。"手容恭"就是指在一些相对的正式场合或社交中手能够体现出的恭敬、得体、大方。例如，一个礼貌的指引手势，一个挥手问候，如果得体恰当都是手容恭的最好诠释；如果随意或指手画脚都是无礼行为。下面分别介绍一些我们日常生活中会常用到的一些手容恭的手势。手势也是最富有表现力的一种"体态语言"，在日常生活中它是使用非常频繁的一种动作，俗话说："心有所思，手有所指。"手的一些细微动作也是内心状态的一种表现，甚至有人说："手就是人的第二双眼睛。"

手容恭的规范是：人们一般在进行语言交流和沟通时，下意识地都会伴有一些手势的动作，这些手势并不是简单的一个动作，通过这些手势可以反映出一个人的内心状态或者所思所想等。因此，在使用手势语时幅度不要太大和太多，当然也不能不使用手势，这样会显得人比较呆板和木讷。在手势使用时要注意一些小细节，如在使用手势语时，高度一般不超过对方的视线，手势左右摆动的范围不要太宽，手势要体现出礼貌恭敬之感，无论所处什么场合都能做到恰到好处，处处体现出礼貌礼节。

在与他人交谈的过程中，使用手势一定不能过多，如果手势过多会给人一种不够稳重和缺乏修养的感觉。通常情况下，手势宜少不宜多，恰当地使用并辅助自己想表达的意思和感情即可。

在人际交往中，尤其与他人沟通交流时要注意自己的手势，不要很随意地使用，以防给他人带去不舒服的感觉。比如在沟通中如果谈到自己，不能用手指指自己，这样会给他人一种修养不够高的感觉，那么在指示自己的时候可以用手掌按在自己的胸口上，从手势的细节中不断地提高个人的修养。交谈中我们会常常谈及别人，如果需要介绍或者用手势指示的时候，注意一定不要用手指来指，这样不仅会让对方不舒服，还会有不礼貌的感觉。这些不经意的动作，生活中很容易成为你的手势习惯，看似细小但是会给他人带去心理不适感，甚至会引起他人的反感。

（1）横摆式

这种手势一般会用于指示方向，在使用这个手势的时候要注意以下要领：五指并拢，手掌自然伸直，掌心和地面约45度，大臂与腰间的距离为一拳到一拳半，小臂和地面平行。以肘关节为轴，手自腹前抬起摆动至身体右侧，头部转向手指的方向，身体略微前倾

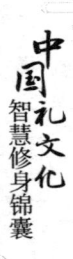

15度，面带微笑，另一手自然下垂。

图2-3　横摆式手势

（2）直臂式

直臂式的手势通常用于指示远距离的方向，它的基本要领是：手臂自身前拿起，在眼睛的高度打开，平伸至右侧，五指并拢，掌心与地面呈45度，肘关节略微弯曲，手掌高度不超过太阳穴，面带微笑，视线随手的方向。

图2-4　直臂式手势

（3）斜下摆式

这一手势的使用主要用于入座邀请或安全提醒时使用，将右手从身体右侧拿起至腹部高度，向右侧斜前方摆出，肘关节略微弯曲，指尖指向地面或具体位置，手指伸直并拢，手、手腕与小臂成一条直线，掌心倾斜呈45度，身体略微前倾15度。

图2-5　斜下摆式手势

（4）斜上摆式

斜上摆式手势主要用于指示上面的方位或物品时使用，也是日常生活工作中常用的一种手势，基本要领是手自身体一侧拿起至眉毛高度，大臂与小臂的夹角略大于90度，手掌、小臂在一条直线，手掌与自己呈45度，指尖向上，五指并拢，面带微笑，视线看向手所指的方向。

图2-6　斜上摆式手势

（5）前伸式

前伸式手势主要用于介绍他人时使用，也就是说当我们要指人的时候用这一手势会显得非常礼貌。这一手势的基本要领是：身体正面朝向对方，伸出右手，掌心向上，大臂与小臂之间为90度，小臂、手腕与手掌成一条直线，身体略向前倾15度，肘关节距身体一拳的距离。

图2-7　前伸式手势

（6）递物礼

人际交往中递接物品是常见的工作内容。在向他人递接物品时通常以双手为宜，这样才显得有恭敬之心。当然在双手不允许的情况下至少要用右手，掌心向上拿稳递送的物品，肘关节轻贴腰际，手掌、手腕和小臂在一条直线上，双手的距离与肩同宽，递送时主动上前，身体前倾15度，将物品递送给对方。

通常递送物品以对方方便拿取为宜，正面朝着对方；若物品为笔或尖利的器具，应将笔尖或尖利的一面朝向自己；递送物品如果是水杯，应拿在杯身的1/3处，以方便对方拿取。

图2-8 递物礼

从上面的实操训练的细节中不难看出，在手容恭中传递对他人的恭敬，对自己的庄重，无声肢体语言的背后就是自己的真实形象和面貌。因此，我们要养成良好的习惯，修正自己的不良习惯，从细节开始严格要求自己吧！

3. 目容端

"一身精神,具乎两目。"目容所包含的内容极其丰富,通常通过一个人的双眼就可以简单判断他的性情和人品。因为眼睛是心灵的窗口,内心的世界都会透过双眼向人们展现,它可以深层地反映一个人的心理状态。一个人所有的情绪,例如喜、怒、哀、乐、思虑、好恶等情绪及思想,都可以通过眼睛判断出来。眼神中的真诚、善良、算计、不屑,都是一个人内在品德的真实写照。所以,目容端就是让我们学会给内心多一份关怀和亲善,这便是对他人的尊重和关爱,相信这种关爱会传递和流动。

孟子曰:"存乎人者,莫良于眸子。眸子不能掩其恶。胸中正,则眸子瞭焉;胸中不正,则眸子眊焉。听其言也,观其眸子,人焉廋哉?"这段话的意思是:"在人的器官中,眼睛是最不能掩饰一个人邪恶的。如果一个心术很正的人,他的眼睛一定也是明亮的;如果心术不正,眼睛一定是浑浊的。在听别人讲话时,一边听他说话,一边看他的眼睛,这个人的内心还能藏到哪里去呢?"[①]达·芬奇在人物画的创作中曾说:"眼睛是心灵的窗户。"而孟子在两千多年前从认识人的角度来阐释这个道理。他认为,识人很重要,想识别这个人的品行如何,不如看他的眼睛。因为,眼神是无法掩饰的,在交谈中是否真诚,一双眼睛就可以告诉你心灵的真相。

此外,眼睛里的"神",有正能量,也有负能量,有智慧的传递,也有恶意的传递。无论属于哪一种,你都要记得眼神可以让人

---

① 孟子著,弘丰译注:《孟子》,中国文联出版社2016年版。

与人之间产生链接——和睦的链接抑或是仇恨的链接。所以，心胸善良开阔，眼神自然和善坚定，大家在学习中，要不断地修习，让自己常怀感恩之心、恭敬之心，让恭敬之意通过眼神传递给他人。

同时，眼神的变化通常能够准确地传递一些信息，尤其视觉方向的不同所表达出的含义也是不同的。比如仰视一般表示思考，俯视表示难过或忧虑，正视表示庄重友好，斜视表示轻视或不满等。在日常交往中，与他人交流时眼神的向度选择正视是最恰当不过的。此外，在与他人交谈时，要注意把握视线接触对方面部的时间长度，在沟通时不宜过久的盯视和无目光接触等现象。这样的目光语都是错误和无礼的行为。因此，在日常的社交中应该把握好与他人之间眼神接触的时间，不要在细节中失礼。

（1）眼神的位置

眼神的位置就是与人交流时眼神停留在对方身体的位置。眼神所注视的部位不同，所代表的含义也不同。通过视线停留的部位，人们可以解读人际关系状态。第一个是可注视的大三角区域。该区域视线停留在额头与肩部的三角形区域，当远距离或迎面而来进行点头致意时可用到该注视区域；第二个是可注视的倒三角区域。视线范围是眉毛和鼻尖的小三角区域，被称为社交注视，也是社交场合常见的视线交流位置；第三个是前额和眉毛的三角形区域，称为严肃注视，这种视线交流能够制造紧张气氛，会使对方感觉到有正事要谈。通常这是在谈判的场合可用的注视区域，这个眼神注视可以使谈判事半功倍。

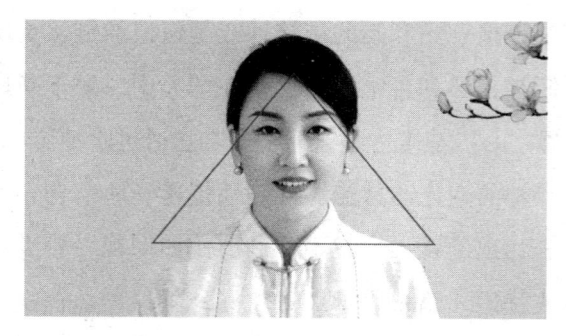

图2-9 大三角注视区域

图2-10 社交注视区域

图2-11 谈判注视区域

（2）错误的眼神

在与他人的交谈中，相互接触时的第一个行为就是眼神的接触。正确地运用眼神礼仪会给交往增添成功的概率，进而赢得友情，否则就会适得其反。以下是一些不正确的眼神礼仪，在交往中要注意避免。

① 盯视

盯视是一种非常不礼貌的行为。一直盯视他人，会给别人带去不安之感，如果是陌生人盯视对方，这样很容易产生误解，进而带来不必要的麻烦。因为，这样的眼神已经超过了正常交流眼神停留的时间，双方心理都会有强烈的心理反应。盯视，在一些特定的场合，可以作为心理战术来使用，比如：我们善意的提醒或制止有问题的行为或话题，前提是非常熟悉的人，才可以使用。在正常社交场合一定要谨慎使用，因为容易造成误会，让对方有受到侮辱甚至挑衅的感觉。比如，有人看到对方的服饰或是长相比较出众，就"肆无忌惮"地盯视对方，尽管这一行为并不是故意的，但这种眼神会让对方不舒服。

② 睐视

睐视给人带来一种高傲不可一世的感觉，也是一种非常不礼貌的眼语。常常比较刻薄、心胸狭隘的人容易在生活中使用这一眼神。因此，目容端就是让我们常以平和的心态去调整和修炼自己的内心。在眼神的运用中一定要注意自己的身份和场合，不得随意使用不当的眼神。

由此可见，眼语也能反映一个人的内心状态与个人的修养。往往有教养、较成熟的人会善于控制自己的情感，不会轻易让情绪从眼睛里流露出来而侵染他人。生活中不论酸甜苦辣，都能以好的心态去接纳和面对，拥有能拥有的，舍弃不属于自己的。当欲望降低、生活朴素，你的幸福指数自会提高，当内心静美，便可造就亲和友善的眼神语言。

4. 口容止

口容止就是让我们学会止语、止念和止欲，任何场合都不要急于去表达、去抱怨，在生活中以"止"修慧。生活中有人总喜欢说，从不考虑对方的感受，我们总是让嘴巴抢先工作。因此，做一个倾诉者很容易，而成为一个倾听者却很难。中国有句古语说："祸从口出。"当我们说得越多，越容易招惹是非。请让自己在最美的年华里修炼自己"止"的智慧吧，相信这一能力的修炼会给你未来的人生奠定坚实的基础。

面部五官哲学告诉我们日常学习、生活和工作中要学会"多看、多听、少说"，话说多了必有闪失，也必会引来祸端。因此，止语、止念、止欲都是这个快节奏的时代里人们必须去做的。止语就是有些不能讲的话坚决不说，有很多人总喜欢聊周围人的八卦，道听途说后四处去讲，甚至还会添加一些虚假的信息及夸大事实本身的样子，这样的人际交往是极度不好的。别人在讲话的时候不要抢话，耐心听，认真想，再去说。这也是磨炼意志和性情的一种方式。止念就是不要心生杂念，整天让自己想得太多而不能专注地去做事。止欲，能够克制自己的欲望，对金钱、名利等的欲望。有一次一位大学生和我聊天，她问我有没有快速赚钱的方式和方法。看着她背的高仿的大牌包，我心里有些难受。因为价值观的扭曲将会让大学生掉进深渊而无法自拔。因此，希望青年朋友们能够在"止"中成长，在"止"中生慧。

5. 声容静

学会控制音量并在不同的场合可以拿捏得当，这是体现自己修养的重要因素之一。我们经常会去音乐厅听场音乐会抑或是去看一场经典的舞剧等，可是大多数人都不会专门为这场唯美而优雅的音乐会或歌舞剧专门做一些自己行为的准备，比如：穿着随意、大声喧哗，尤其带着孩子参加的，是否应提前告知孩子进入场所后要保持安静呢？能够在公共场合管理好自己确实需要极高的修养。经常在出差途中抑或是旅游时，你会发现不遵守公共秩序的人不是少数而是多数。博物馆里大声喧哗、听音乐会时拿手机拍照录像，等等，不文明现象举不胜举，有时候提示牌在他们眼里没有一丝的作用。因此，学会调节声音音量，让它用最恰当的方式出现在不同的地方，用声音美化我们的家园。

此外，在与他人讲话交流时，让你的声音充满温度和关怀，能够站在他人的立场去看待问题，语气不要那么生硬，语调不要过于强势，让每一次发声都能传递出美好与真诚。与亲人朋友交流时，能够在声音里获得一份关照，真正做到有话好好说；与陌生人交流时，在主动且亲善的问候里，让紧张和陌生瞬间融化，能够将周围的磁场变得和谐而温暖，由此这样的美好将与你共生，伴你成长并成为你精神的财富。

6. 头容直

头容直就是要求头、颈、肩、背在一条直线上，不论在什么样的场合都应该保持头正肩平、不倚不靠、不探头拱背、颈椎和腰椎都保持平衡，这既是对健康的保护，更是对他人表示尊重的方式。在日常生活中如果有驼背探颈的体态问题，一定要进行调整和练习，可以经常提醒自己将颈部靠在衣领上，可以有效改善探颈问题。

7. 气容肃

气的本意是:"自然界均匀扩散的第三态物质、食物消化而产生的肠胃气体。后引申为人体原始的气态精华能量。"① 由人体原始的气态精华能量引申为呼吸。由呼吸引申为精神特质——态度、风格。关于气的字义解释,在不同的领域里它阐释的意思完全不同,"气容肃"中的气可以用中国古代哲学概念来理解,例如:《孟子·公孙丑下》中记载:"我善养吾浩然之气。"这里的气就是由内而外散发的气质或气场,主要是指主观的精神;南宋朱熹在《答黄道夫》中记载:"天地之间,有理有气。理也者,形而上之道也,生物之本也。气也者,形而下之器也,生物之具也。是以人物之生,必禀此理,然后有性;必禀此气,然后有形。"这里的"气"是指一种在"理"(即精神)之后的物质。他们认为,人的气场是真实存在并由内而外散发出的一种无形的力量。常言道:"腹有诗书气自华。"这句话说的就是"气"在内积累后而真实外化的一种感觉。因此,读书学习就是养气内化的过程,当积累到一定程度的时候它会自内而外地散发书香气息和谦谦君子风范。这里所说的"肃"不是指严肃、刻板或一丝不苟,而是一种端庄得体的传达和表现,一种幽幽如兰的美感,一种沁人心脾的柔软。"气容肃"就是内心的练达,它需要文化的滋养和岁月的沉淀。

8. 立容德

"立容"是指站立时的姿态,要做到挺拔、中正、端庄。常

---

① 樊毓运:《〈伤寒论〉气化学说理论和临床应用探讨》,广州中医药大学,2012年。

言道："站有站相，坐有坐相。"要把自己身体的体态展现出最具"美感"的一面，我们常常说这人美、那人美，一定是觉得她（他）整体感觉很美，而不是单一的脸上长得美。这种美就是"立容"后面的"德"，这里的'德'便是人内在的修养和素质，《左传》中讲道："太上有立德，其次有立功，其次有立言。虽久不废，此之谓不朽。"这段话告诉我们先立德再立业，也就是我们常说的先学做人再学做事。所以，这里的德是一个人端正的德行和较高的涵养。"立容德"要求人们在站立的时候能够挺拔端正，优雅从容，从站立的姿态中传递对他人的那份恭敬。

（1）立容德——要领

女子站立要体现挺拔端庄，站立时脚跟并拢，脚尖微微打开大约30度，双膝并拢，并微微收紧小腿、大腿内侧肌肉，收腹立腰，舒肩展颈，目视前方，面带微笑。男子站立需体现挺拔、刚劲之感，站立时可以将双腿分开保持与肩同宽，也可以将脚跟并拢，脚尖打开呈60度，收腹提臀，展肩下沉，目视前方，面带微笑。

（2）立容德——禁忌

站立的姿态往往会呈现出一个人素养的高低。不得体的站立姿势不仅会让体态不够美观，而且还会影响你的整体形象。尤其是在正式场合站立时，站立姿态就是一种态度的表达，一定不能忽视体态的端正。如：不可歪倚斜靠、含胸驼背，这种站姿体态会给人一种十分慵懒、萎靡不振、缺乏气质的感觉，第一眼望去感觉精神不振，缺乏责任心。忌双手交叉抱在胸前，这种站姿体态容易让人产生傲慢之感，在与人的交流中有种拒他人于千里之外的感觉，甚至还会让人觉得冷漠高傲、不易接近。最后，正式场合站立时忌将双手插在裤兜里，这样会给人一种随意之感，传递出一种轻浮和缺乏责任心的感觉。

站姿是人体最重要的姿态，不得当的站姿不仅会影响自身形象还会影响身体健康，长期不良的站姿会让身体骨骼变形、脂肪沉淀，在形体上会造成驼背、探颈、背部变厚、胸部下垂、臀部下垂、肌肉松弛等。所以，良好的体态语言是从站立姿态开始的，从点滴细节中练习和提升，最终养成良好的站姿习惯。

9. 色容庄

"色"指颜色色彩，"色容庄"既有内在由心而发的面相，又有外在得体端庄的妆容。《论语》中也有"有容色"一句，"容"与"色"往往是连词，但二者又有很大的区别。容，有打扮、装饰之意。如《论语》中说"居不容"，《战国策》中有"女为悦己者容"，其中"容"都有整理、修饰、化妆之意。"色容庄"即需要外在得体、恰当、淡雅的妆容修饰，更需要内在的豁达宽广和善良，因为真正的尊敬、尊重和理解不是"容"出来的，而是发自内心的一种真诚的表达，它联结着对生命意义的思索。

（1）色容庄——妆容篇

化妆是生活中的一门艺术，适度得体的妆容，不仅可以让整个人容光焕发，同时也可以体现出端庄大方的气质。同时，化妆还有助于体现一个人的精神面貌，工作时的职业妆容，首先对自己和对方都是一种尊重，同时也是对个人形象的维护。美好的妆容是留给他人美好印象的第一步。

①面部妆容塑造的基本原则

首先，妆容要体现干净、自然、整洁、大方、清爽和高雅，并能够通过妆容凸显亲和力。妆容浓淡需把握得当，过于浓艳让人会有一种轻浮之感。因此，女性日常的妆容不宜过浓，妆容要和自己的年龄、身份、外貌特点等相匹配。而且要以淡妆为主，体现清新、淡雅、素净，给人以美好的印象。其次，选用化妆品时尽可能不选用香精味过重的产品，也不宜让妆容过浓，清爽干净才能更凸显高级感。最后，避免出现残妆，也不宜当众化妆或补妆，如有需要可以去洗手间或者无人的地方进行处理，同时也注意手和指甲应该时刻保持清洁、卫生和美观。

②了解皮肤类型

人的皮肤可以分为干性、油性、中性、混合性、过敏性五种类型。在选择化妆品时，一定要根据自己的皮肤类型选择适合自己皮肤的化妆品，因为化妆品的种类繁多，更新也较快，在选购时一定要认真了解其成分，尽可能选购安全、保险的产品。

A. 干性皮肤

干性皮肤一般油脂的分泌较少，皮肤较干，角质层水分含量不高，这类皮肤由于缺水，导致皮肤的弹性和光泽不高；冬季由于气候干燥更易起皮甚至发生皲裂；同时干性皮肤也容易产生皱纹，加速皮肤衰老。因此，干性皮肤日常一定要注重补水护理，在选择化妆品的时候，要挑选保湿性较好的产品。

B. 油性皮肤

油性皮肤油脂分泌较多，皮肤油腻，容易长粉刺和闭口等，所以要特别注意皮肤的清洁。洗完脸后不宜使用油脂成分较高的化妆品，这样容易堵塞毛孔，加重粉刺和闭口，尽量使用清爽型化妆品。但油性皮肤因为油脂分泌旺盛，所以皮肤不容易长皱纹，衰老的速度也比较慢。

C. 中性皮肤

中性皮肤油脂分泌属于适中，皮肤状态也比较稳定，一般不容易过敏。这类皮肤对化妆品的适应性也比较高，选择功能性强或营养成分高的产品都是可以的。

D. 混合型皮肤

混合型皮肤一般是面颊部为中性或干性皮肤，T区属于油性皮肤，通常前额、鼻翼、下颌油脂分泌旺盛。这类皮肤要按照油性皮肤保养。选择保湿清爽型的化妆品，不宜使用太多的彩妆，容易堵塞毛孔，引发T区粉刺、闭口等皮肤问题。

E. 过敏性皮肤

一般过敏性皮肤毛孔较大，皮脂分泌旺盛，因为皮肤较脆弱，对化妆品的敏感度高，使用化妆品很容易过敏。因此，这一皮肤类型在选购化妆品的时候要以补水、修复为主，而且也不宜频繁地换化妆品的品牌，这样会让皮肤更加容易过敏。

③ 认识自己的脸型

化妆是通过彩妆工具，使自己的面部突出优点，弱化缺点。每个人都是一张独一无二的面孔。因此，在化妆前先认识自己的脸型，比化妆技巧更重要。我们可以通过三庭五眼的面部五官比例，来了解和分析自己的脸型。三庭是指面部的长度比例，发际线到鼻根的位置为上庭，鼻根到鼻尖的位置为中庭，鼻尖到下巴的位置为下庭。五眼则是指面部的宽度比例，从太阳穴到另一个太阳穴是一只眼睛长度的五倍。这是传统面部五官比例，但随着时代不同，时尚文化的变迁，现在更欣赏个性美，例如大眼睛，很多人喜欢"三庭四眼半"的比例，眼部长度偏长，面颊更加纤细。

④ 脸型自我识别

通常要把头发全部束起，把整张脸全部露出来拍一张正面照，然后用笔在脸上的上下左右对应地画上记号并连接起来，自己的脸型图就能画出来了。判断出自己的脸型后，可根据自身的特点进行妆容塑造的设计，可选择适合自己脸型的眉型以及发型。做到扬长避短，更好地修饰不足，让自己更加富有美感。在化妆前，每个人都需要学习和分析出自己属于什么脸型，才能找到真正适合自己的妆容和发型，在分析脸型过程中，不可单一分类，要将多种脸型结合起来分析，才能找到最终答案。

⑤ 适宜的妆容

妆容也是一种自身品位和身份的象征，妆容一定要做到清爽、干净、高雅，根据场合和身份来选择妆容的浓淡。日常生活、工作中妆容淡雅、清爽即可，不宜太浓艳。如果是隆重的场合，妆容就可浓一些，也要注意和服装搭配。总之，妆容的设计要和场合、服饰、身份等匹配。

（2）色容庄——和颜悦色

前面讨论的"容"是指整理、修饰、化妆，通过"容"来修饰和美化人的五官和皮肤。而"色"则是发自内心的情绪呈现于外的状态，面容和颜悦色一定需要内在的素养做支撑，因为真正的尊重和理解是"容"不出来的。我们都知道乾隆皇帝十分爱好对联文化。一次，他在批阅奏折的间隙出了一则上联为"色难"的对联，让清朝大才子纪晓岚来对下联。纪晓岚顺口就答道"容易"，并沾沾自喜地认为自己对得非常完美。上联：色难，下联：容易。这副对联堪称是古代最短的对联。看似很简单，但它其中蕴含了深刻的哲理。《论语·为政》中子夏问孝。子曰："色难。有事，弟子服其劳；有酒食，先生馔，曾是以为孝乎？"孔子回答子夏说，为人父母最难做到的就是和颜悦色。所以，这里讲的"色"是情绪发自内心而呈现于外的，它不是随意就可以装出来的。胡适曾说："世间最可厌恶的事莫如一张生气的脸，世间最下流的事莫如把生气的脸摆给旁人看，这比打骂还难受。"能够和颜悦色地对待他人，不仅是一种美德，更是一种教养。生活中我们能对父母做到和颜悦色，那便是孝；能对爱人做到和颜悦色，那便是爱；能对陌生人做到和颜悦色，那便是礼。我常常会说："给自己心里装颗太阳，让它照亮你的脸庞，温暖他人。"

君子九容的修炼抑或塑造不正是知礼而后行仪的践行吗？王阳明先生提出的"知行合一"，就是让我们能够将学习到的理论去付诸实际。中国礼文化的核心就是将内在的尊重向外表达和呈现，我们需要通过丰富自己的学识，丰厚自己的涵养，才能达到内外的和谐和统一。

修身锦囊

"君子不失足于人，不失色于人，不失口于人。是故君子貌足畏也，色足惮也，言足信也。"

——《礼记·表记》

这段话告诫我们要谨言慎行，在日常交往中不说不该说的话，不做不该做的事，举止不失体统，仪表保持庄重，言语做到谨慎。这样的君子才能有威严的外貌和使人信服的言语。

第三章

礼伴我行——修持自我

子曰:"不学《礼》,无以立。"一个人生活在社会中,不学礼无法在社会立足,尤其在当下的时代,经济飞速发展,我们在建设物质文明的同时不能忽略精神文明建设。在过去穷的时候,人们觉得正常的现象,在今天却是缺乏素质的表现。新时代的浪潮要求新时代的青年人才应该是全面发展的,尤其是综合修养的全面提升,对中华优秀传统文化的传承和弘扬,君子人格的塑造和修炼,仍然是我们所必需践行的。因此,你必须掌握关系的和谐相处之道,能够处理好不同的关系,是保持健康心理的前提,也是和谐自我的重要保障。

孟子曰:"仁之实,事亲是也;义之实,从兄是也;智之实,知斯二者弗去是也;礼之实,节文斯二者是也;乐之实,乐斯二者,乐则生矣;生则恶可已也,恶可已,则不知足之蹈之手之舞之。"[1]孟子在这一章中主要阐释了"仁、义、智、礼、乐"五项道德规范,重点围绕仁、义实质来讲,仁、义的实质就是对父母的孝顺和对兄长的谦恭友爱。孟子认为如果一个人对自己的父母和兄长都不能做到孝顺和友爱,那么如何能尊重自己的上级和朋友呢?能

---

[1] 孟子著,弘丰译注:《孟子》,中国文联出版社2016年版。

够虚心向比自己年长的人学习，并且做事能够学会变通，遵守一定的规则，不逾矩。我们要在这五项道德规范方面不断修炼自己，提升自己，塑造自己。

一、不同关系的礼仪之道

关系每时每刻都伴随在我们的生活、学习和工作中，很多时候负面情绪和糟糕的性格，多数是来源于关系的不和谐——与父母，师长及朋友、同学的关系，甚至未来还有和自己人生伴侣及孩子的关系。面对不同关系如何和谐相处？如何能妥善地处理不同的关系？这应该是每个人都应该学习和掌握的一门学问，周围有很多朋友学历很高，但人际关系一团糟。也有人事业很成功，家庭关系却一地鸡毛。读书时学了那么多知识，也掌握了生存立足的技能，生活不用忧愁，可是最关键的关系梳理不好。在我们每个人身边都有很多这样鲜活的案例。如果既想经营好事业，又想处理好各种关系，那就需要时常照见自己，能够不断提升自己的个人修养，宽容接纳自己和他人，心中充满敬畏之心。只要掌握了与他人相处的分寸、尺度，自然会达到和谐的状态。

1. 与父母的相处之道

"立爱自亲始，立敬自长始。"① 修养要先从家庭开始，修身要从孝悌起步。孟子曰："天下大悦而将归己，视天下悦而归己，犹草芥也，惟舜为然。不得乎亲，不可以为人；不顺乎亲，不可以

---

① 金晓东：《礼记·祭义》，上海古籍出版社2016年版。

为子。舜尽事亲之道而瞽瞍厎豫，瞽瞍豫而天下化，瞽瞍豫而天下之为父子者定，此之谓大孝。"①孟子反复提出君子在为人处世中要讲究仁义道德，最终他把君子的仁义道德归为孝。因此，在他看来君子最基本的道德基础就是做好自己，孝敬父母。

中华民族历来重视孝道文化，生为子女要时刻感念父母的养育之恩，用自己的行动去孝顺父母，新时代的美好，让这一代的青年朋友们基本拥有了丰衣足食的优厚条件，独生子女让新时代的青年显得格外娇贵，来自父辈亲人们的疼爱过于丰盈，导致很多人不知道什么是应该，什么是不应该，基本以自我为中心，没有太多感恩心和恭敬心。甚至还有一些家庭，因为父母关系不和谐导致家庭关系复杂而凌乱，在这样的环境下成长的孩子更是和父母关系无法达到和谐和平衡。据统计，近几年患有心理疾病的人数日益增长，多数患有心理疾病的人都存在家庭关系不和谐的情况。无论时代怎样发展，我们必须保有一颗善良之心、恭敬之心与自己的家人相处。在家庭中的相处之道，我们尽可能做到以下几点：

（1）尊重

子夏曾问孔子："什么是孝？"孔子回答说："色难。有事，弟子服其劳；有酒食，先生馔，曾是以为孝乎？"②他说："给父母一个好的脸色太难，只给父母吃的喝的、给他们买了衣服就是孝吗？这与饲养动物有什么区别！"现在很多孩子，父母给他们讲道理或是进行教育时，就会用很难看的脸色、凶巴巴的语气怒怼，一言不合就摔门，这是孝顺吗？色难在了哪里？这值得大家去思考。子女孝敬父母要做到从"色难"向"色悦"践行和超越。如果和父

---

① 孟子著，弘丰译注：《孟子》，中国文联出版社2016年版。
② 杨伯峻：《论语译注》，中华书局2012年版。

母都不能好好说话,还何谈孝顺?曾经就发生了一起儿子因为一句"吃饱没事干"而要了母亲命的案例,儿子因为谈砸了一笔业务,恰好看到因为寻找报纸而在自己房间摸索的老母亲。语气很不好地和母亲说道:"您没事不要到处乱跑,在自己的房间好好待着!"母亲连忙给儿子解释自己只是想找张报纸看看,顺便在他的房间坐了一会儿。但是儿子脸色很难看地给自己的母亲甩了一句要了母亲性命的话:"吃饱了没事干。"这句扎心的话儿子讲了个痛快,把自己工作的不悦甩给自己最亲的人,这不是人生常态吗?殊不知对方心里的寒心、难过。因此,在家中首先要做到尊重自己的父母,这个尊重体现在我们对父母的和颜悦色、言辞语调,当父母的语言或行为出现错误或偏差时,我们也应该心平气和地与他们沟通、交流。能够换位思考,站在父母的立场和角度看待有争议的问题,尽可能做到彬彬有礼,遇事不急不怒,不给父母增添额外的无意义的压力和负担。这是作为子女最基本的素养。

尊重在家庭中一定是双向的,孩子学会尊重父母,父母也要尊重孩子,这个法则非常重要。孩子的很多品行都是从父母身上习得的,尊重这件事尤为重要,父母会尊重孩子,孩子在成长中就会习得尊重,并逐渐形成君子的品格。可是,很多时候在家庭教育中父母比较自我甚至有些强势,关于孩子的成长、兴趣或是学习、生活都是父母一言堂,从不尊重孩子的心理和想法。很多人习惯性地认为孩子能有什么想法?!这个认知就导致了教育中尊重的缺失,在这种环境下成长的孩子通常到了青春期就会格外的叛逆。因此,为人父母先从修炼自身开始,用躬行的力量去影响和教育自己的孩子。

（2）感恩

"感恩"最早出自《三国志·吴志·骆统传》："飨赐之日，可人人别进，问其燥湿，加以密意，诱谕使言，察其志趣，令皆感恩戴义，怀欲报之心。"①这段话的意思是告诉人们对别人所给的恩惠要表示感激，常怀感恩之心。当然这里所表达的感恩并不是片面地说父母给予我们的都是"恩惠"，父母和子女的关系是这世间最亲近、最珍贵的，父母生养我们，我们赡养父母，这种周转和循环，我常觉得应该是双方的恩惠。因此，我理解的感恩，便是感恩我们能成为一家人，感恩生命中有彼此。当带着这样的一份心境与自己的家人相处时，也许会产生很多美好的感受。

比如常能站在父母的角度看待问题，没有工作前，养成节俭合理的生活用度，不给父母增加过重的养育负担。对生活能懂得节制，不过分地在物质需求上增加欲望。往往一个人内心极度空虚或是不够自信的时候，才会更关注物质层面的需求。有很多人甚至还比较爱慕虚荣，喜欢攀比，滋养了自己的虚荣心。不断地向父母索取金钱，父母能够满足自己的物质需求就是满心欢喜，一旦不能满足就怨天尤人，辱骂父母。《孟子·离娄下》中讲道："可以取，可以无取，取伤廉；可以与，可以无与，与伤惠；可以死，可以无死，死伤勇。"孟子在这一章中就是在强调"度"的重要性。生活中能够懂得尺度的把握，从小就能够懂得父母的养育之恩，带着感恩心，学会分担，学会理解，这便是孝。工作后能细心周到地考虑父母的心理需求，常回家探望，节日买一些礼物送给父母表达孝心，从小事中处处关心和感恩父母，让他们因子女的孝敬而深感幸

---

① 中国社会科学院语言研究所词典编辑室编：《现代汉语词典（第7版）》，商务印书馆2016年版。

福。古人云："子欲养而亲不待。"当你想孝敬父母的时候，父母都已离去，每每读到这句话的时候，我的眼中都会泛起泪花，内心非常难过。小时候，父母就是我们的家，每日在一起觉得那是再正常不过的事了。当我们开始有了自己的家庭和孩子的时候，孝敬父母的时间会越来越少，尤其是在外乡打拼的年轻人，一年回家的次数屈指可数，想尽孝而又无能为力的感受让人内心充满自责。相信每位父母最牵挂的也是异乡的孩子，我们用再多的物质也不能换取对父母的关爱和陪伴。所以，珍惜与父母在一起的每一天，多给他们精神上的关心和灵魂上的陪伴，让每一位老人在自己老年生活里充满幸福、快乐和踏实。

（3）接纳

与父母关系中最不和谐的因素之一就是互相"不接纳"，父母看自己孩子身上总是有很多缺点和不足，于是就想教育纠正，恰好又采取了一些不当的方式和方法，比如：唠叨、辱骂、训话等，都是人人排斥的沟通方式，在这样的相处中家庭矛盾就会出现甚至恶化，长期处在恶性循环中，父母一片苦心，但还不被子女领情，这个情如何领？如何有同理心？如何学会感恩？一系列的疑问置于我们面前，因为互相不接纳，导致我们前面谈到的尊重、感恩都失去了意义。孔子在两千多年前教育学生就实行因材施教，因为每个人的天赋不同、性格不同、思维不同，如果我们都按照同一个模板要求自己的孩子抑或是父母要像别人一样时，是否考虑到了差异性呢？因此，家庭关系和谐相处之道还需要学会"接纳"，接纳不够完美的自己，接纳不够完美的父母。

学会接纳并能真正做到接纳。首先，要练达宽广的胸怀，当一个人有足够宽广的胸怀时，眼界和格局都会变得不同，自然胸中能容纳的事也就多了。有人总是喜欢吹毛求疵、挑三拣四、对别人指指点点，这时的自己眼里只有问题和缺点，因为习惯决定了你的思维。我们总是用挑剔的眼光看人和事，自然思维就会被挑剔和被苛刻控制，首先看到的或想到的就是别人的不足，长此以往很难让自己有一颗容量较大的内心。其次，学会接纳自己，每个人的成长环境是不同的，如果成长中受到的赞扬和鼓励较多，就会充满自信和正能量，这样的人自然会正确认识自己和相信自己。有些人成长中受到的批评、责备较多，在他（她）内心早已没有自己，甚至会经常怀疑自己，长大后因为过多的责备和否定带给自己很多的不确定和质疑，就会出现总是对自己不满的情况。这种潜在的自卑抑或是苛刻，将会变成自己与人相处的方式，想要学会接纳就先学会接纳自己，再去学习接纳他人。

随着年龄不断增长，人的个性特征会越来越明显。有人宽厚，有人真诚，有人苛刻，有人算计……每个人都有着明显的个性特征，而且还很难改变。我常常在培训的时候，会在课堂捕捉学员的状态，职业特点练就了我一边讲课，一边获取学员信息的能力。看到他们听课的神情、反应和身体姿态，这个人的个性特点基本能分析出来一点，那么我就需要调整课堂的案例及节奏，否则授课就会出现问题。在课堂上这种无声的接纳，逐渐地让我不断进行调整和改进，进而在这种微妙之中练达了自己。大多数时候很多人执着于自己的状态，不愿意做出任何改变，一般对人比较苛刻，喜欢挑毛病的人很难接纳他人的不足和缺点，但又不愿意改变自己和理解他人。这样很难达到修身的境界，有这些特点的人通常也不容易经营好自己的家庭和生活，因为自己的固执和苛刻，不轻易向内去修正自己，总是外求他人要做得足够好，也就是我们常说的过于自负和

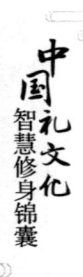

自满，没给心里留白，如何腾出空间接纳别人？心里装的只有最好的自己。因此，没有接纳和改变的胸怀和意识就很难做到接纳，学会接纳就先从家庭开始吧！

2. 与师长、上司相处之道

（1）敬畏

李白在他的诗中写道："语来江色暮，独自下寒烟。"道出自己与尊师高谈阔论的景象，可从中感受到他们感情之融洽。在生活中，我们如何和师长、上司相处。首先，需要自己积极、主动的沟通交流，每个人的成长环境和背景不同，甚至所学专业不同，导致我们与他人主动交流和沟通的方式也有所不同，有人选择回避，有人选择积极面对，这两种方式决定我们的发展机遇。因为通过主动沟通建立熟悉的关系，多交流对自己的学业及未来发展方向都会有很大帮助。这里提到的对师长及上司的"敬畏"，不是害怕，而是内心的那份尊敬，尊师重教是中华文化的传统美德，把尊重当作一种习惯，这样对方也会以尊重的态度对待你，从而获得良好的相处环境，建立和谐的师生或上下级关系。

前面提到要先学会孝顺父母、兄友弟恭，才能做到尊重师长和上司，一个人如果连自己的父母都不尊敬，在学校或步入职场后如何能做到敬畏呢？尤其在职场中，和上司的关系要更复杂一些，因为要面对上司安排的工作任务、薪酬高低、职位晋升等一系列的问题。当你的努力付出能够得到上司的认可和赏识时，这种上下级的关系自然也就和顺了，职场并不是人人都能尽如心意的，当你的努力和付出得不到上司的认可和赞赏时，那上下级关系就会显得非常微妙，自然也就会出现不平衡或者一些消极的负面情绪。当出现后者的这种情况时，我们应该冷静地剖析自己的不足，调整自己的心态，能够接纳所谓的不平衡和不公平，职场中生存毕竟还需要平和的心态，能够给自己足够的坦诚和努力，让自己的付出没有白费，对于得不到的或者失去的都能坦然面对和接纳，这样自己也会生活得更加轻松。因此，与师长或上司的相处中，常怀敬畏之心，能够常沟通、多交流，将遇到的问题及时化解，不要打破与长者关系中的界限，以免给自己带来不好的影响。

（2）宽容

宽容，要求我们能以一颗豁达的心对待生命中遇见的每一位师长或上司，每个人都有不同的个性和风格，不论你喜欢或不喜欢，我们都应该持有一颗宽容之心去对待他们，这是修炼和提升自己教养的一种方式。"在其位，谋其政"，领导在自己的位置和处境下，要考虑大局和更多的事，上、下都要协调，难免会出现各种不周，要做到面面俱到可谓不易。因此，不要在平常人的位置上去看待问题，用一颗宽容之心和谦虚态度，学习众人之长，每个人身上都有长短。不要计较得太多，除了生命，其他都是可以放下的，不要让名利、财富和利益沾满你的内心，学会给内心"留白"，心胸自然就开阔了。因此，当我们用一颗善良豁达的心境去理解和包容他人时，相信你的收获定无比昂贵。

（3）理解

人与人之间能够和谐相处的最基本原则就是尊重和理解。尽管有时候我们很难做到站在他人的立场上去看待问题，但一定要有能够理解他人的角度和思维，因为每一个人所承担的责任、角色都各不相同，我们要学会设身处地地理解和站在他人的立场去看待问题。

在生活中，有时候人们总是习惯从自己的主观判断出发，去看待问题和处理事情。这样就会容易产生一些误会和矛盾，比如面对师长、上司的批评教育，不能接受或产生叛逆行为等。与师长、上司建立良好和谐的关系，达到彼此的认同和理解，要学会换位思考，能够站在他人的角度和处境去看待问题，毕竟他们一个人面对的是一个集体或者多人，常用同理心站在对方的角度多理解、多包容。当每个人都拥有理解他人的能力和思维的时候，生活中的很多事情就会变得很简单了，学会站在理解他人的角度上看待问题，很多事情就会迎刃而解，理解和被理解为自己的相处之道开辟更宽广的道路。

3. 与朋友相处之道

（1）真诚

真诚是我们与朋友交往时非常重要的一个原则，人与人之间的美好关系，要用真诚来维系，不是建立在相互利用、损人利己之上。讲诚信，守道义，我们的人生道路才会越走越宽。以诚相待，付出真心，必然会交到真心实意的朋友，常言道："赠人玫瑰，手留余香。"不论学习还是生活中都应该与人为善，以诚相待。

真诚还要做到内心的平衡和豁达，往往在人际关系中，朋友之间缺乏真诚，就会将人性的劣根性暴露出来。当看到自己的朋友收获成功而出现嫉妒，当看到朋友幸福而出现心理不平衡，只能说明自己还不够强大，一个人能够与朋友共同分享彼此的快乐和收获，也能在朋友不如意时做到真诚帮助，这份双向奔赴的友谊才是最真诚和可贵的。

《中庸》从第二十章到第二十六章都在讲"诚"，认为天道就是诚，是真实的、自然的。如："诚者，天之道也；诚之者，人之道也。诚者，不勉而中，不思而得，从容中道，圣人也。诚之者，择善而固执之者也。博学之，审问之，慎思之，明辨之，笃行之。"它告诉我们，真诚是上天的原则，追求真诚是做人的原则，天生真诚的人通常不用刻意勉强就能做到，不用思考就能拥有，从从容容就能符合中庸之道，这就是圣人！努力做到真诚的人，通常都是以善为目标并执着地追求。这就要广泛学习，勤于提问，认真思考，明辨是非，坚定执行。①所以，真诚不是我们简单地理解的一种品德或行为，必须通达内心，在不断学习中逐渐修炼自己，习得发自内心的真诚品质。

（2）平等

平等就是能够在生活中做到相互尊重。尊重是人们一种需求的体现，同学、朋友间的交往共同目标是能够相互陪伴、相互帮助，彼此能够在人格上保持平等，并且主动了解和关心对方。不要以相貌、经济、学习好坏作为评价高低的标准，这都会给对方带来不适之感甚至还会造成伤害。苏霍姆林斯基说："不要去伤害别人心中最敏感的东西——自尊心。"尤其与朋友之间存在经济上的高低差异，条件优越的一方要尽可能理解对方的一些习惯和行为，忌在语言上或行为上进行评价和批评，能够多考虑对方的感受，尽可能地保护自尊心，并给予适度和恰当的帮助。因此，不论自己有多强大和富足，都应带上一颗平常心平等地对待身边的每一位朋友，不要在地位上用等级划分，这样的相处之道不会长久。

---

① 王国轩译注：《大学·中庸》，中华书局2015年版。

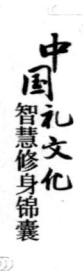

（3）守信

曾子曰："吾日三省吾身，为人谋而不忠乎？与朋友交而不信乎？传不习乎？"我很喜欢这段话，从"反省、忠诚、信用、榜样"上，阐释了深刻的修身法则和做人之道。守信用是中华的美德，与他人交往能够言而有信，这是责任和担当的表现。尤其与同学、朋友相处时，讲话须三思而行，量力而行，许诺之事一定做到，超出自我能力的事尽可能地不去承诺。此外，守信还包括能够将朋友的隐私不随意去说，当你被一个人高度信任时，对方才会把自己比较隐私的事情或自己不愿意向外公布的事情告诉你，此时应该庆幸自己被信赖，那就要做到守信，帮助朋友去化解遇到的困难，保守对方隐私，做一个能够真正值得被别人信赖的人。

4. 夫妻相处之道

（1）尊重

《左传·僖公三十三年》记载："臼季使过冀，见冀缺耨，其妻馌之。敬，相待如宾。"其含义就是形容夫妻要相敬如宾，像对待客人一样对待对方。春秋时期晋国的国君晋文公派大夫胥臣出使鲁国。当他办完事在回晋国的途中，路过一个叫冀的地方，看见一个农民正在田里锄草。正好他遇见农民的妻子来给农民送饭，这位妻子将饭碗高高举过头顶，非常恭敬地递给她的丈夫吃。这位农民也用同样的礼节回敬了他的妻子。胥臣看到这一幕后十分感慨地说："夫妻之间如此敬重恩爱，说明这个青年是个有德之人，假如有这样的人帮助国君治理晋国，国家肯定会兴旺不衰。"[①] 因此，

---

① 出自《诗经》，中国风行出版社2016年版。

夫妻相处中的尊重一旦建立，和谐的关系就会生发。有很多家庭常年处在争吵中，互相没有半点尊重可言，时间久了就是恶性循环，夫妻就像仇人见面一样争吵，鸡毛蒜皮、家长里短等，细究都是一些不值一提的事情。

在中国历史上相敬如宾的夫妻典范有很多，被称为"天作之合"的周文王与太姒就是一个典型的事例。[①]相传"关关雎鸠，在河之洲，窈窕淑女，君子好逑"[②]，说的就是周文王和太姒。据说姬昌在渭水河边偶遇了太姒，被她出众的美貌所吸引，回去后念念不忘，就差人去打听太姒的情况。派去的人回来告诉姬昌太姒是一位"仁爱明理、上孝下恭、生活俭朴、贤良淑惠的女子"。姬昌听后立即决定要迎娶太姒。于是派人去有莘国提亲，恰好太姒也听说了姬昌的为人和品德，就答应了这门亲事。两人结婚后鸾凤和鸣、分工明确，成了典型的神仙眷侣。姬昌的祖母太姜和他的母亲太任也都是母仪天下的典范，太姒敬佩长辈的品德，虚心学习，不论是夫妻关系、婆媳关系还是君臣关系都处理得非常好，周朝百姓对她赞不绝口，她也赢得了百姓的爱戴。

太姜、太任、太姒，因为贤良淑德、相夫教子，后人合称她们为"三太"。太太这一称呼也由此而来，也是为了让天下女性学习"三太"的品德，不断提升自我修养，做一位知书达理、温良贤淑的女性。当夫妻双方都不断地提升自我品德修养，能够相敬如宾，家庭自然会获得和谐。

（2）包容

包容是夫妻相处最基本的原则，也是最重要的。生活习性完全

---

① 出自《诗经》，中国风行出版社2016年版。
② 出自《诗经》，中国风行出版社2016年版。

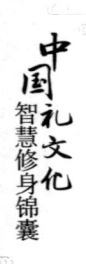

不同、成长环境也不同的两个人走到一起建立家庭，而且不只是两个人更是两个家庭，更需要相互包容对方的各种不同。尤其不能总想让对方都去顺从自己或者迎合自己，想要关系和谐、家庭稳定，就必须要学会包容对方的缺点与不同。人与人之间的相处，不要急于去改变你眼中所谓的缺点，而是取长补短、互相影响、互相弥补，进而达到和谐共处的效果。

杨绛先生与钱钟书的爱情，让很多人心生敬佩，人生最大的幸福不是拥有多少财富，也不是拥有多少名利，最重要的是一生有一个真挚的爱人陪伴。钱钟书在他临终之时给自己的爱人留下了四个字："绛，好好哩。"我想这是最珍贵的离别，虽然简短却包含了太多的情感。人生遇到知己很难得，已经步入婚姻殿堂就做好包容对方的准备，割舍自己的自私、任性，胸怀宽广一些，相信你一定会邂逅最美的爱情。

（3）互助

好的夫妻关系还要做到互相帮助、互相成就，往往在中国的家庭中，家庭主妇的角色依然还是母亲承担得要更多一些，大多数人的观念依旧是"男主外，女主内"。但是今天女性基本都要工作，对工作与家庭之间的冲突、压力无疑也多了一些。职场中依然存在对女性的歧视，因为在大多数人眼里女性要经历结婚、生子、哺乳和养育孩子成长，他们会认为这样会给工作带来影响，无可厚非定是会受到影响，但是现代女性在职场中并没有因性别而减少工作量和工作环节。回家后还有繁重的家务及对孩子的养育，对现代女性来说，无疑是压力满满。那么夫妻就要根据双方的工作性质，做好沟通和任务的分配，能够互相帮助、互相妥协，权衡工作的性质，做好家庭与事业的平衡，至少有一方要适当地做出一些牺牲，另一方要为对方的付出和牺牲表示理解和支持。当齐心协力共同付出时，夫妻关系会越来越好。这里不禁让我想起了苏东坡与他的妻子王弗。苏东坡在妻子王弗去世10年后的一个晚上梦见了她，于是便写下了穿越千古感动无数人的诗篇《江城子·乙卯正月二十日夜记梦》，流露出对妻子深深的思念和真挚的感情。王弗16岁嫁给了苏东坡，在苏东坡30岁的那年去世。苏东坡为王弗所写的墓志铭中言："其始，未尝自言其知书也。见轼读书，则终日不去，亦不知其能通也。"意思是说，在妻子嫁过来之后，他都不知道妻子居然这么会读书，因为王弗在他的生活中会经常给他建议或者一些提醒。后来苏东坡说："凡是妻子提醒过的，最后也真的像她说的一样。"这里我们就可以看出，王弗给予了他精神和灵魂最深处的陪伴。可以感受到两个因心有灵犀而走到一起的夫妻，相知相爱，从苏东坡19岁到30岁的这段时光，应该是他人生中最美好、最浪漫的高光时刻。之后的苏东坡也开始了外放的生活，相信在妻子离开的那些岁月里乐观、旷达的他内心深处一刻也没有忘记过自己挚爱的妻子。每每读起《江城子·乙卯正月二十日夜记梦》不禁潸然泪下，感动那份真挚的感情，感动那美好的青春，还有那份天人永隔的遗憾。触动后的感悟也应该带给我们更多的思考，夫妻之间的相互成就，也会为自己的幸福家庭奠定坚实的基础。将这首词摘录于此，与大家分享！

江城子·乙卯正月二十日夜记梦

十年生死两茫茫，不思量，自难忘。千里孤坟，无处话凄凉。纵使相逢应不识，尘满面，鬓如霜。

夜来幽梦忽还乡，小轩窗，正梳妆。相顾无言，惟有

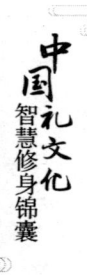

泪千行。料得年年肠断处，明月夜，短松冈。①

二、不同场合的礼仪之道

《礼记·礼运》中记载："大道之行，天下为公。"意思是天下是人们所共有的，把品德高尚的人、有才能的人选出来，人人讲求诚信，培养和睦气氛，表达的是一种大同的理想社会。这里的"公"就是公共意识、公德意识，环境、场合中有这样的意识，那种和谐的气氛自然而得。无论在校园中，还是在社会生活中，我们每个人都应该自觉遵守公共礼仪与道德规范。社会公共活动从广义上讲，是指人们所参加的一切社会活动。从狭义上讲，是指人们在公共场所进行的各种社会活动，公共场所包括公共交通工具、城市街道、公园、商场、博物馆、图书馆、音乐厅、酒店、餐厅、景区等诸多场所。

公共场所一直被称为"测试人们心灵的实验室"，而大多都具有从众心理。每个人公共场合的行为举止都会大相径庭，在无人监督或管理的情况下，表现出的言行举止是最能反映一个人真实的礼仪素养的。因此，无论是在公园漫步，还是在电影院看电影，或是在博物馆参观，都应该自觉地约束自己的行为举止，讲究公共礼仪，共同营造美好的公共社会氛围。

公共礼仪作为礼仪的一个重要组成部分，它既有礼仪的共同特征，又具有自身的个性特征，主要表现为平等性、广泛性和自觉性。

---

① 思展教育编著：《宋词三百首》，中山大学出版社2016年版。

1. 平等性

当我们在家庭生活中，家庭角色身份是明确的，父子、夫妻、母女等。在职场环境中，因为职务间的差别，我们的身份是领导与职员、甲方与乙方等，我们也有着明显的社会地位和身份。在社会环境中，人际交往时，都是以社会成员的身份出现，不再有辈分、职位、地位的高低和差别，每个人都具有同样的社会身份。

一个人无论来自哪里，有何种身份和地位，到了博物馆，就是一位参观者，需要保持安静，有序参观；到了影剧院，就是一位观众，需要遵守观影礼仪，不得大声喧哗；到了景区，就是一位游客，进入景点游览时需要等候排队入场；到了公交车上，每一个人都是普通乘客。在公共场所，任何人都是没有特权的，都是平等的社会人，需要我们共同遵守公共之礼。所以，从这个意义上讲，公共礼仪具有平等性。

2. 广泛性

人们生活在同一个世界、同一个社会，无论自己的爱好和个性如何，但在一些特定的场合都有同样的需求。比如音乐会中需要安静，城市公园里需要干净整洁的环境，在火车上需要安全卫生的乘车空间等，这些公共礼仪需要建立在社会公共道德的基础之上，需要所有人共同自律且遵守，它体现了我们社会全体成员的共同需求和愿望。因此，公共礼仪具有广泛性。一个人若是在社会生活中特立独行、不遵守公共礼仪的要求，就一定会引起公众的反感和谴责。

曾经轰动网络的"男子高铁霸座"的视频引起了广大网民的热

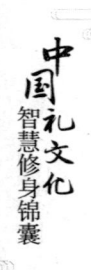

议,在济南开往北京的列车上,一位男子在其他乘客上车前,先坐在了其他乘客的座位上,当该座位的乘客上车后发现座位被占,便与该男子沟通,但是这位男子不但不让开,而且也不与乘务人员沟通,并谎称自己"无法起身,不能归还座位",并故意提出要乘务员下车后给他找一把轮椅的要求。让人们大跌眼镜,难以想象还会有如此自私无礼之人!

该男子"霸座"事件引发了网络热议,并被扒出他的真实姓名和博士学历,网友纷纷发出"学历与素质不成正比"的评论。而他本人在次日晚于微博连发三次道歉并回应:深表悔恨和自责。济南铁路局也及时公布了关于这起列车乘客"霸座"事件调查和处理的相关情况。最终"霸座"男子被罚款200元,并在一定期限内被限制购票乘坐火车。

在移动互联网时代,"人人都有麦克风""人人都是通讯社","霸座"事件被推上了热搜,而"霸座"也随之被带入舆论的风口,成为不遵守规则、不讲公共礼仪的最新典型案例。

3. 自觉性

在公共场所发生的言论和行为大多具有一定的偶然性,每个人都是在潜意识和习惯的驱动下做出的行为和言论。因此,再多的监督和舆论,都属于外力的作用,治标不治本,我们不依赖于监督和曝光来维持社会公共秩序。公共礼仪的遵守还是主要靠每个人言行举止的自觉性,只有由内而外地认可并践行公共礼仪,学习公共礼仪,才能营造并保持良好的公共环境和氛围。

公共礼仪涉及的范围较广,要求也比较多。但只要把握好公共礼仪的特点和社会公共道德规范的准则,就可以很好地实践公共礼仪。比如我们在公众场合以礼待人，保持和气谦恭的待人态度，尊重别人，也就是尊重自己；在用完公共厕所时，能够讲究卫生，文明冲水；遇到老人摔倒时，能够不受碰瓷事件的影响，上前帮扶，乐于助人；过马路时，能够在红灯时耐心等待，遵守交通规则；游览景区时，能够不随意攀爬景点、雕塑，爱护公物；在乘公交车时能够为老人和孕妇让座，做到尊老爱幼……

※乘坐公交车、地铁之礼

日常最常用的交通方式，无外乎是公交车、地铁、火车、飞机这几种。乘坐交通工具时，你的行为举止和公共形象也能体现自身文明素养。因此，能够主动维护良好的公共交通秩序，建立温馨和谐的交通氛围，就需要我们每一个人自律自觉的意识。

首先，需要大家注意的是上下车礼仪。在公交车站，或进入地铁口后，要做到自觉排队等候，按照规则有序排队上车，先下后上，主动遵守前门上、后门下的秩序，上车后向车厢内移动，不要堵在门口，影响后面的乘客上车。上下车时不要拥挤，主动礼让老弱病残孕、儿童以及疾行需要的人。在上地铁时则更要注意安全，上车排队要遵循"八字形"，严格按照标示语的指示上下车，很多人经常不按规矩排队，车门一打开不遵守"先下后上"的原则，这样既不安全，也严重影响城市文明。当关门铃声响起时不可再上车。当公交车或地铁到站时，提前向车门移动，站稳并抓好扶手，不小心碰到别人时要真诚致歉。

其次，注意乘车时的一些礼仪规范。乘坐公共交通时，车上的爱心座位尽量不要随意占用，让给有需要的人。同时当他人给自己让座时，要立即表示感谢。与恋人或配偶一同乘车时，举止不宜过于亲密。不携带易燃、易爆和危险品上车，以及有刺激异味的物品,给其他乘车人带来不适感。

在车厢内,自觉保持卫生清洁,不随意吃东西、抽烟、吐痰、乱扔垃圾等,要主动爱护公共设施,不破坏和损伤公共设备和设施。如果在雨天乘车,上车前主动将雨伞收拢、雨衣脱下放入自备的手提袋中,以防弄湿别人的衣物或座椅。此外,在搭乘公共交通时还需要注意着装礼仪。这是很多人都会忽略的问题,虽然对着装并没有相关规定和要求,但在公共场合,衣着方面依然要注意,尤其不要穿过于透和露的款式,这样会给城市的文明带来负面影响。

"不积跬步,无以至千里;不积小流,无以成江海。"以上这些文明细节看起来似乎微不足道,但在公共场合中不文明的任何行为都会给他人乃至社会带来不良的影响。正如我们所说的礼仪,只有从点滴小事做起,才能真正成为一种影响力、推动力和凝聚力,从而成为城市的名片、国家的形象和民族的精神。

※乘坐火车之礼

2017年1月,铁路总局发布了《铁路旅客信用记录管理办法(试行)》,7种不文明乘车行为被列入铁路旅客信用信息记录管理。正式将乘客乘车时的不文明行为纳入了相关的管理办法中,这样就可以约束和管理形形色色的人,让人们从根本上改变和养成良好的文明习惯。

在火车上,一定要对号入座,不抢占别人的座位。曾经高铁"霸座"事件就引发了非常不好的影响。这样的"霸座"行为也经常会被爆出,网友们调侃他们是"霸座家族",不要在点滴小事中让自己成为精致的利己主义者。当我们旁边有空座位时,不要随意占为己有,让给有需要的人,除非无人使用时,可放置自己的物品。主动礼让老人、孩子、病人、孕妇等特殊人群,能够让特殊群体的人优先就座。不做城市里明亮的"装瞎人",现在有很多年轻人对让座各持看法和意见,有人认为年轻人工作也很辛苦,生活也过得不易,好不容易坐下了,为什么要给别人让座?这种心态导致年轻人越来越冷漠,眼睛里逐渐看不见那些需要被帮助的特殊群体,在生活的点滴中让爱传递和流淌,带上一颗善心看待生活,看待周围的人和事,为文明贡献自己的力量。

※乘坐飞机之礼

飞机是目前最快的交通工具。它具有安全可靠、快速便捷、轻松舒适等优点,同时对乘客的礼仪要求也相对较高。所以,乘坐飞机时要注意一些基本的礼仪细节和规则。

首先,要注意的是办理乘机手续。当工作人员热情地向你问候时,我们应当及时并礼貌地回应一声,或者礼貌点头致意,不能毫无反应,这是对工作人员的尊重和支持。

其次,要明确乘坐飞机时不能携带的违规违禁物品。安检过程中要主动积极地配合工作人员做好安全检查。不可以拒绝合作或无端进行指责。

最后,登机后要对号入座,把自己随身携带的物品整齐地放到行李架内,不要占用公共空间。由于飞机座位空间有限,尽可能坐在自己座位的范围内,不要占据他人位置和空间。

如果坐在飞机安全出口处的座位,还需要学习危急时刻打开安全舱门的相关知识。另外,靠窗的乘客也要多加留意,如果需要起身去厕所,可能会打扰中间和靠走道的旅客,所以要尽量小心,并及时致歉。下飞机取行李时也要请靠走道和中间的乘客先拿。需要麻烦或得到工作人员帮助的时候要礼貌致谢。机上发放餐食时根据自己的情况选用，不要造成浪费，用后的果皮纸屑等废弃物及时装进收纳袋，不要在飞机上乱扔，时刻保持文明形象。

在飞机上与自己的同行伙伴交谈时，要尽量压低声音，不要打扰他人，这是一种修养。在飞机飞行过程中，要遵守有关安全乘机的各项规定，比如可以在打开飞行模式的情况下使用智能手机、电子书、电子游戏机等。飞机开始降落时，需要等待飞机停稳后再打开安全带，取出行李有序而行。在前行过程中，尽量不要往前拥挤，下机时礼貌地向乘务员道声"谢谢"或"再见"。

公共礼仪，就是让我们在公众场合建立应有的秩序，遵循秩序是对自己和他人的尊重，在日常生活中应该学习和践行，让礼仪常伴你左右，行礼知仪。

三、礼之根本"和为贵"

《论语·学而》中讲道："礼之用，和为贵。"礼的作用贵在能够和顺。在社会交往中人们能够自觉地按照"礼"来处理一切事务，相信就能够得到和顺且融洽的结果。"和"就是人与人之间的各种关系都能够和睦顺畅、融洽友好，这样的和合之美不论在关系中抑或是场合中都显得弥足珍贵。"和为贵乃是中国文化的优秀传统和重大特征。"①儒家提出的"太和"观念，包含自然的和谐、人与自然的和谐、人与人的和谐以及自我身心的和谐。不光是儒家文化这样认为，佛、道、墨诸家也都主张人与人之间、族群与族群之间的"和"。②佛教反对杀生，主张与世无争；道家倡导"不

---

① 赵家治：《孔子的人学思想》，载《吉林日报》，2011年5月21日。
② 管秀兰：《孔子学院给中国形象出彩》，载《中国教育报》，2016年4月16日。

争",以"慈""俭""不敢为天下先"为核心;墨家主张"兼相爱,交相利",非常反对战争。从儒、释、道、墨等各家的思想中,我们都可以感受到对"和"的追求。由此可见,融洽和睦的人际关系和顺畅和谐的社会环境,对人的生存和发展是极其重要的。

在人类发展的历史上,因为国界、宗教、主权、利益等诸多问题所引起的矛盾和冲突不胜枚举,发生过的"争地以战,杀人盈野;争城以战,杀人盈城"的历史惨剧历历在目。"和为贵"的观念,不仅可以匡正社会所发生的种种弊病,还可以匡正自我关系中的不和谐,从而构建和谐融洽的社会秩序。

· 修身锦囊 ·

学而不知道,与不学同;知而不能行,与不知同。

——《聱隅子·生学篇》

这段话告诉我们,学习知识后如果不能懂得和明白一些道理,这和不学习没什么区别;学到了知识后不能灵活地运用和实践,和没有学到道理是一样的。不论是不同关系的相处之道,还是公共场所的礼仪细节,我们都要践行,学习理论知识,不去践行,就跟没受过教育差不多。

下篇 「修身之道」——上善若水

第四章
中正态度——得和，得静，得坦途

在敦煌莫高窟的第259窟，北壁，有一尊佛叫禅定佛。禅定佛身披深红色袈裟，在膝前呈三莲瓣状自然下垂，阴刻衣纹流畅自如，疏密有致，紧贴躯体。这座佛像整体结构非常严整，雕刻工艺非常细腻精致，让整个佛像看起来非常富有血肉感。尤其是弯眉下微睁下视的双眼，弯如半月形的双唇微微上扬并伴有深陷的两个小窝，给人一种发自灵魂深处会心的微笑，被众多游客誉为"东方的蒙娜丽莎"。人们说这尊佛整个状态都是中正平和的。当时，新华社内参的一位主任问一位佛学研究爱好者，如何解释这种感觉？他说："随缘而来，随缘理解，不要答案。相由心生，还是由你的心来定夺。"后来，大家分析说随缘感受最好。其实，你以欢喜之心看待事情，那么事事都为你而生。当你以感恩之心看待他人，那么，你会看到人人都为你而来。拥有一种中正平和的心态，在今天快节奏的时代，是非常有必要的。

《论语·先进》记载："子贡问：'师与商也孰贤？'子曰：'师也过，商也不及。'曰：'然则师愈与？'子曰：'过犹不及。'"这里就是对"中"解释的根据之一。真正的"中"就是有中正看待事物和处理事务的态度，而不是"和稀泥"谁都不得罪的老好人。很多时候我们常听前辈的教导，在职场生存要"中庸"

一些,被大多数人理解的"中庸"认为就是老好人,谁都不得罪,遇事不做明确的是非评判,左右逢源。这不是"中",这是糊涂!糊涂得不敢讲真话,糊涂得不敢做是非辨别,更糊涂得没有担当和责任。我们周围有很多这样所谓的"中庸"之人,外表看起来他们和所有人都很亲近友好,实际他们对任何人都没有真诚之心,因为他们对人人都是一个态度,一个模式,甚至有时候还因为总爱说好话而给别人带来一些麻烦。因此,"中"就是让我们拥有守中的态度,不要怕讲了真话而要承担责任,该承担的责任还是要敢于去面对和担当。还要有不偏不倚、无过无不及的态度,能够在事物的两端寻求平衡点,掌握好尺度和分寸。当然这也是一件非常不容易的事情,就需要在不断的成长中去修炼。正如孔子所言:"中庸其至矣乎!民鲜能久矣!"这句话的意思是:"中庸大概是最高最好的德行,但人们很少能够做到,这种状况已经很久了!"[①]由此可见中庸之道不是我们随随便便就可以做到的,每个人先需要塑造自己的君子德行,才可体现中庸。如果不去修养自己的德行,那会背离"中"的道路。

一、得坦诚之心

所谓坦诚之心,就是承认自己的不足,能够坦然面对和接受不完美的自己,从而努力修正自己,真诚对待出现在你生命里的每一个人。在社会的不断发展中,持有"以自我为中心"价值观、过分强调"自我"的人越来越多。一旦持有这种态度,就会产生"自

---

① 王国轩译注:《大学·中庸》,中华书局2015年版。

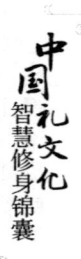

我"与"集体"的冲突，但凡在团队合作中就会遇到很多矛盾和冲突。恃才傲物的态度一旦在内心里滋长，就会给自己的发展之路带来影响和障碍，这样的态度，不但得不到周围人的支持和帮助，还会阻碍自己的成长和发展。

常常越是有能力、性情急躁且自我意识强的人，很难做到虚心听取他人意见，甚至还喜欢和人反驳，总之就是不愿意认同别人的观点。一个时常能够进步的人，定是能够虚心听取他人意见、拥有坦诚之心、时常进行自我反省并能够正确认识自我的人。当拥有这样的坦诚心性，周围自然会聚集同样心性的人，这样的力量凝聚起来，便可以带来无限的能量，让自己变得更加通透，不论是学习、生活还是工作，都会向着更好的方向发展。

战国哲学家庄周有言："真者，精诚之至也，不精不诚，不能动人。"意思是说："真就是精诚的极点，人要做到守真，不是发自内心的真诚是不能打动别人的，同样也得不到别人的认可和赞同。"俗话说："精诚所至，金石为开。"告诫人们，要以真诚待人，表里如一，戒除虚伪。生活中如果经常当面一套，背后一套，阳奉阴违，时间久了总会让别人看透。每一个人都经历相同的成长阶段，只是每个人的成长方式有所不同，当我们离开父母开始独立工作，意味着你已经真正踏入了社会，不论你的管理方式、生活模式、人际关系都会和之前存在很大的差异，面对各种各样的事和各种各样的关系，很容易让自己迷失方向，忘记本心，常常出现事与愿违的情况。无论在学习或生活中遇到的困难、挫折抑或喜悦之事，都应保持一颗坦诚之心，用发自内心的真诚去面对，久而久之这便是未来所有美好的积淀。

1. 得坦诚之心必须做到待人真诚

真,似乎经常被人们挂在嘴边,践行起来却非常不易。一个人所有情绪和情感的外现都是内心的真实反映。真诚一定存于内心,通过神情表露于外在。所有你内心的想法,都会让他人清晰地感知和体验。有人即使勉强啼哭,但呈现出的悲痛也并不哀伤;常勉强与他人保持热情,尽管笑容满面也感受不到真诚的和善。所以,真正的悲伤和和善,即使没有悲痛和笑容,也能让人发自内心地感受。因此,诚实是做人的基本准则,人的纯真来自自然,智慧的人通常都会遵从自然的法则,更加注重本真而不会受到世俗的拘泥。愚昧的人则刚好相反,不知道珍惜真的本性,不遵从自然而时常怨天尤人,在流俗中让自己变换着各种角色,欲望和利益充满整个内心,在真真假假中切换自己的角色,无疑给自己徒添很多压力和烦恼。

在生活中,有些人往往为了权力、利益等外在的东西而变得伪善,内心充满黑暗,为了目的不择手段,表面对人和和气气,看起来笑容满面,对谁都热情,在背后却给他人设限埋雷,为了一己私利而不择手段。鲁迅先生说:"面具戴太久,就会长到脸上。再想揭下来,除非伤筋动骨扒皮。"所以,戴着面具的人,时间久了,都不知道自己的真实面目是什么,只能虚假中应付他人,让自己离正道越来越远。相由心生,时间久了,内心的杂念就会长到脸上,习惯用客套、虚假的方式应对生活中的人和事,这样久而久之也会失去别人的信赖和好感。

无论别人怎么样,自己都能够拥有一颗善意的坦诚之心去帮助和关心他人,内心有利他的胸怀,才能够真正地让自己变得豁达,

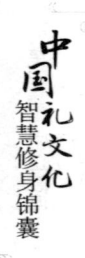

因为路遥知马力，日久见人心。真诚是人的本性，也是大自然的根本。遵从自己内心的声音，真诚对待身边的人和事。不要顾及世俗中的尔虞我诈，让真诚之心赋予自己更多的正能量——做人、做事和成长。

2. 得坦诚之心必须做到待人宽厚

《论语·阳货》记载子张向孔子问仁时，孔子回答："恭、宽、信、敏、惠。"在对"宽"的阐释中就提到了"宽则得众"，当你宽厚大度了，自然就得到众人的拥护。宽乃是一个人格局大小的体现，在学习、生活中，需要去修炼这些品格，我们只有在不断的学习修行中去塑造自己的这些品质，才能在未来成为人生路上的舵手。

西汉文帝刘恒，在汉初诛灭诸吕以后即位，他自小就被人冷落，当上皇帝后，又赶上长期动乱后的社会经济残破，民生凋敝。于是他采取休养生息的政策，鼓励生产，减少税赋，放松刑罚。因此得到了百姓的拥护和支持。这个故事让我们感受到宽厚的力量，人在社会中生活交往，一定不是单一存在的社会活动，只有互相帮助和扶持才能收获成功和幸福，正如管子所言："人主者，温良宽厚则民爱之。"当对待所有人都能温良宽厚时，就会得到人们的爱戴和支持。于君王是这样，于普通百姓也一样，平时能够宽厚地对待身边的人，相信会收获大家的支持和帮助。尤其对领导而言，更要关心和宽容自己的下级，不过分苛责也不太多限制，能够以上级的胸怀帮助下属成长和发展，这样的领导一定是有大智慧的，在工作中也能够得到更多的支持和信赖。

"君子成人之美"，在自己能力范围之内尽可能地帮助他人，遇到对不住自己的事时宽厚处之，不要斤斤计较、以牙还牙、难以化解，从而建立敌我矛盾，这样的关系一旦建立将会萦绕自己所有的生活和工作，因此不要轻易建立这种矛盾关系，遇到后尽可能地设法消除和化解矛盾，让自己"宽"起来，往往很多事就会迎刃而解，甚至会向更好的方向发展。

3. 得坦诚之心必须做到学会理解

《孔子家语·卷二》其中记载了关于"孔子借伞"的故事。有一天，孔子和他的弟子们外出，突遇变天并下起了雨，出门时大家都没有带雨伞，这时刚好经过子夏的家门。子路说："我去子夏家借把雨伞吧！"孔子赶紧阻拦并说："不要去，不要去。子夏这个人十分护财，他的东西别人是借不出来的。"孔子不愧为圣人，对人性的了解非常透彻。也许凭老师的身份，孔子找子夏借伞，子夏即使不情愿，也一定会借给他的老师的，但是借出去后应该会心生不悦抑或念念不忘。所以，一件事理解了，再难也会是"一马平川"；理解不了，就是一座山，一条江，一片海，很难跨越。只有时常站在他人的角度和立场，秉持一颗同理之心，能够理解别人的性格、处事方式、做事风格，才会得到长久的相处。

人与人之间关系网络丰富而又复杂，不要用太过偏执的要求希望人人都可以理解和被理解，与不同人的关系亲疏程度决定了理解的深浅，在恰当的关系中恰当地理解是最好的状态。生活中遇到彼此理解、坦诚相处的朋友，一定要珍惜，那就是你人生最大的财富。俗话说："酒逢知己千杯少。"有时候能够碰到互相理解、互相包容的人真的很不容易。我们在生活中常常因为不能认同别人的行为或者习惯而不愿意去理解别人，总而言之理解是要建立在宽容的基础之上的，当一个人足够阔达的时候，就能够去理解别人，毕竟鞋子都是穿在自己脚上的，能让别人感同身受，除非对方也曾经历过你的经历，否则大多数情况都会是"站着说话不腰疼"。就像当中年人经历了事业或生活的挫折后，才能够对苏东坡的人生感悟产生共鸣，否则也只能感受他的作品内容而已，只有感同身受，才能体悟那"回首向来萧瑟处，归去，也无风雨也无晴"的洒脱和旷达。因此，在理解中获得坦诚，在坦诚中被理解，这是一种能力，是一种情怀，是一种幸福。懂得理解，学会理解，你的人生会更灿烂。

二、得平和心态

快节奏的时代，人的内心焦躁而又自我。尤其是刚刚步入大学的年轻学生，离开了父母，大学又多了自由自主，很多人从农村或是小城市到了大城市后，看着多姿多彩的生活、琳琅满目的商品，很容易在这个阶段迷失自我，过度追求奢侈的物质生活而忘记了富足自己的精神世界。据研究显示，近些年大学生患心理疾病的人数越来越多，尤其是大一和大三这两个阶段明显占比较高。大一阶段出现的主要问题集中在对环境的不适应、对专业或学校的不满意、人际关系不和谐等方面，导致心理压力和负面情绪过多。大三阶段主要因为将来面临毕业选择，因深感自身能力不足而产生的压力负担过重，加之自我调节能力差，很容易患上心理疾病。由此可见，能得一颗平和之心是多么关键，在这样一个快节奏的时代里，浪潮推着我们不得不每天都奔跑前行，好像稍微慢点就会被时代淘汰，当然快节奏是确实存在的，但心在我们每个人自己的身上，学会在快中找到适合自己的慢节奏，并能够随时调整，太快时踩踩刹车，太慢时加点油门，人生快慢全由自己主宰，这是一件看似简单且很不易的事。如果你一旦掌握了快慢节奏由自己主宰时，得和，得静，必得坦途。

1. 得平和心态不偏执

偏执是这样被定义的："指自我援引性优势观念或妄想，常见的是关于被害、爱、恨、嫉妒、荣誉、诉讼、夸大。这样的观念或妄想可与器质性精神病、中毒、分裂症有关，或是对应激的反应，还可能是一种人格障碍。"① 从偏执的概念来看，偏执往往会给我们带来很多负面的影响和不良的障碍，往往偏执的人多数取决于性格。例如，具有"诗仙"之称的李白，性格就有很明显的偏执。李白才华横溢，满怀斗志，直到走到自己生命的尽头，最终也没有实现自己的理想。这与他的性格有直接的关系。李白自身非常孤傲，常自言"天生我材必有用"，梦想自己能够在仕途中"大展宏图"，骨子里对那些为了仕途趋炎附势的人和事不屑一顾甚至非常排斥。此外，李白还有些狂傲，他曾让杨贵妃磨墨、唐玄宗宠臣给他脱靴子，还看不起那些宦官皇亲，先不说李白的人际关系如何，单就他把唐玄宗都不放在眼里，就这一点在古代封建王朝就是大忌，即使再有才华，也得不到皇帝的重用和喜爱。这些导致他一生郁郁不得志，写下了很多悲情豪放的诗词作品，但是仕途始终没有达到自己的期望。从李白的身上我们应该对标自己的性格和为人处世，有时候才华和能力未必是匹配的，有些人很有才华但性格不

---

① 百度汉语，引用日期2016年8月6日。

好，始终不会收获成功。生活中、工作中放下偏执，灵活应对所见、所遇，不要让自己在一条路上一意孤行。

此外，偏执的人很难做到"守中"，总会向两个极端靠近，对别人的看法、见解，不能认真倾听和接纳，总想背离他人的见解，喜欢和人反着来。这样的人如果是领导，就很难带领团队一心共事，也容易在团队中产生各种矛盾。时间久了，人际关系也会出现问题，大家开始远离和躲避偏执之人，见面就是应付一下，不会去与之探讨或交流。那么，偏执就会带来孤独，逐渐发现身边的朋友越来越少，这种被人际关系自然淘汰的偏执之人，如若不进行改变，很难让自己活得幸福和快乐，时间久了还会抑郁成疾。

可见修身是多么重要，在修身中不断地去修正自己。首先，要敢于剖析和发现自己的问题和不足，这是成长中最重要也是最难得的，因为大多数人是不愿意承认和认同自己的问题，尤其是偏执之人；其次，要能虚心听取他人意见，当身边有人能够提出自己的问题，那一定是真心希望你能好，这时候一定要感恩对方坦诚的关心，虚心接纳对方的意见和建议；最后，要有解决问题的决心，能够从内心深处接纳自己，并逐渐开始慢慢改变自己，不要急于一时的改变，要长期坚持，及时看见自己、分析问题、及时修正。相信按照这样的步骤一定会让自己有所改变和收获。

2. 得平和心态不好胜

随着中国人口结构和家庭结构的变化，自1980年一对夫妇只能生育一胎的人口计划生育政策到二孩政策尚未完全开放以前，中国家庭从多子女和大家庭逐渐地转变为独生子女和小家庭，孩子被家长的重视程度远远高于过去，由于都是独子，孩子们自然而然地形成了"唯我独尊"的心态，好胜心、嫉妒心等不良心态油然而生，甚至还非常严重，尤其不健康的这种好胜心很容易转换成压力，最后变成一种严重的心理疾病。因此，不论是在学习中还是未来在工作中遇到对手或是竞争者，都要以一颗平常心去面对，不断地增强自我意志，提升自我能力，通过自己的能力轻松解决学习或是工作中的困难，而不是嫉妒他人、走捷径、损害他人利益来满足自己的欲望。好胜心要适当出现，且以平和心态出现，掌握好度让自己努力取得好成绩，而不是过分地争取，事事处处都要战胜他人，这样会让自己背负过重的负担和压力，反而会失去好的心态和心境。

子曰："见贤思齐焉，见不贤而内自省也。"这句话告诉我们见到优秀且有思想的人时，能看到对方的优点，并不断地向他们学习。看到品德不好的人，能及时看向自己，看看自己身上是否也有这些问题。所以，好胜心人人都有，但是要懂得克制，不能让它过分地在自己心里滋长，否则就会做出一些令人不可思议之事。适度的好胜心可以帮助一个人更好地完成自己的目标，这一目标是围绕自己的能力和需求而定，而不是盲目的"酸葡萄"效应。也就是说，你的好胜心永远围绕自己而制定目标，而不是和别人较量。我们可以找到自己去努力和超越的榜样，但是不要把目标放在身边的某个人身上，这样就容易让好胜心与嫉妒混为一谈。

3. 得平和心态不消极

日常学习生活中应该常保有一颗积极乐观、不消极不悲观的心态，这也是未来职场安身立命的重要因素之一。有人总是消极悲观，做事不够积极，拖拖拉拉，导致自己无法与压力抗争，性格傲慢，内心孤僻，不擅长与他人交流合作，明显缺乏团队合作精神，从而很难胜任工作中的挑战，究其原因都与心态性格有着密不可分的关系。因此，我们在学习中不光要掌握专业知识，更要学会与人交往的能力，通过人际交往不断地发现自身的不足，从而进行自我修正和改变。积极的心态就如阳光一般，不仅可以温暖自己，也可以温暖别人，人人都喜欢温暖而和煦的阳光。冰冷的表情、冷漠的心态都会丧失人生自带的美好。因此，做一个积极向上、乐观向阳的人，这股光芒是你的责任。

消极的人看待事物总是阴暗的，想问题总是先想到不利的一面，常常会杞人忧天。我有一个朋友的女儿，长得非常漂亮，歌也唱得很好，可是总是悲观消极，觉得自己长得不好看，常常否定自己歌唱不好。在交流中我发现她是一个非常顽固的孩子，你怎么开导她都没太大用处，因为消极已经占满了她的心态，总是怨恨自己的过去，焦虑自己的未来，甚至会反复地念叨这些问题，用什么方式都很难改变她的思维。我很感慨一个人的成长真的是像碰运气，家庭就是我们成长中的"道场"，家庭氛围好，父母性格积极阳光，孩子就会沐浴阳光而健康成长，心态也就自然阳光积极；如果家庭氛围不好，父母心态消极，孩子就会在否定中消极成长，从没沐浴过阳光的孩子长大后内心较为阴暗，那么就很容易形成悲观的态度。如果你常被消极悲观所困扰，那就从此刻开始多给自己一些阳光，可读书，可旅行，也可运动，不管选择什么，都让自己刻意靠近"阳光"，让"阳光"治愈消极和悲观。

三、得感恩之心

"感恩"之心，就是对世间所有人给予自己的帮助表示感激，并铭记于心。一个懂得感恩的人，一定是有爱心且善良的人，从呱呱坠地到展翅高飞，这一路有很多生命中值得我们感恩的人，先从父母、师长身上开始践行感恩之心吧！因为这是最基本也是最简单的感恩方式和行为，如果我们连对父母、师长都不懂得感恩，那谈"感恩"似乎有些抽象和遥远。常怀一颗感恩之心，会变得豁达，这种豁达可以让你变得更加通透，不论生活中遇到什么挫折和困难，都能换一个角度去思考和理解，而不会一味地钻牛角尖，把自己陷入困境中。

1. 得感恩之心学会恭敬

《论语·颜渊》中记载："司马牛忧曰：'人皆有兄弟，我独亡。'子夏曰：'商闻之矣：死生有命，富贵在天。君子敬而无失，与人恭而有礼。四海之内皆兄弟也。君子何患乎无兄弟也？'"[①]司马牛忧愁地说道："别人都有好兄弟，单单我没有。"子夏道："我听说过：死生听之命运，富贵由天安排。君子只是对待工作严肃认真，不出差错，对待别人辞色恭敬，合乎礼节，天下之大，到处都是好兄弟。君子又何必着急没有好兄弟呢？"从司马牛和子夏的这段对话中不难看出一个有恭敬之心的人，在人际交往中会得到支持、帮助甚至喜爱，四海之内皆兄弟。一个拥有恭敬心的人往往会感恩任何人带给他的帮助和支持，比如一个懂事的孩子，他能理解父母的艰辛和不易，并将这份理解转化为发奋努力学习的动力，为父母减轻负担，未来可以让父母过上安稳的生活。不懂事的孩子只知道向父母索取，不努力学习，让父母为其辛劳一

---

① 杨伯峻：《论语译注》，中华书局2012年版。

生。归根结底就是缺乏恭敬心，没有恭敬心，感恩基本就是模糊和缺失的。因此，一个人在成长中要不断地读书、学习，多读圣贤书，能早早习得优良的品德，因为"德行"在一个人的成长中最为重要，当"德行"培养好了，其他方面自然会好。

一个没有恭敬心的人，通常会比较跋扈嚣张，说话不太顾及他人的感受，在生活中抑或是职场中都会给自己带来麻烦。因为没有人愿意和嚣张跋扈、骄傲自满的人交往，时间久了自己也会孤独失落，进而让自己的性格更加糟糕，工作一塌糊涂，职场晋升遥遥无期。记得一个亲戚家的小孩，小时候家长对孩子非常溺爱，这个孩子见到人从不和人打招呼，对父母说话也是非常无礼。更让我大跌眼镜的是，孩子这样怒怼父母的时候，她的家人没有一个人吭声，大家似乎都觉得这是再正常不过的事，我内心默默地感慨这对父母可真是能够容忍！面对孩子的无礼吼叫、乱发脾气、对人没有礼貌，他们居然视若无睹。这个女孩就这样慢慢长大，现在家里没人能够管教，学习成绩很差，也非常叛逆。她的爸爸在一次沟通中告诉我，初一就开始化妆，并且让他感觉筋疲力尽。

世间万物都是有因果的，我们没有在孩子小时候建立规则，培养她的恭敬心，现在都十二三岁了，正是青春期发育的阶段，孩子的身心都在发生着变化，你让她突然要恭敬父母、尊重周围的人，她怎么能突然改变？除非是自己看到了问题并愿意去改变，否则是非常困难的事。那就怀揣一颗恭敬之心去对待家人、对待朋友、对待上级、对待同事、对待对手，你会发现自己的心路和人生之路都会越走越宽广。

2. 得感恩之心学会接纳

我经常会听见很多人抱怨自己脸太大、眼睛太小、发际线太高……太多对自己的不满意，父母给予我们生命，对身体的每一个部分，你都应该倍加珍惜、呵护和喜爱它，这是对自己最好的接纳，常常看到"接纳"这个词，很多人都会理解为要去接纳他人，而我的理解是先学会接纳自己，只有先学会接纳自己，才能学会接纳他人。如果连自己的缺点或缺陷都不能淡然地接纳，何谈接纳他人的缺点和不足呢？所以，接纳就是自我修行和成长的方式，也是让自己宽容大度的修炼过程。当清晨睁开眼睛看到第一缕阳光时，我们满心欢喜去对待今日，相信今日所生发之事一定都是美好的。境由心造，当心境完全改变时，周围的人和事也随之不一样，要相信所有美好由自己决定，前提是你要学会去接纳所有你遇见的。

比如现在离婚率远超过去，这个现象可能对现代人来说会觉得再正常不过，生活不到一起那就选择离开。可是我们是否考虑过一个单亲家庭孩子所受到的心理的打击和创伤。对比人们的生活方式，在过去由于经济水平和物质生活条件有限，人们的生活、娱乐都非常单一，每日的交友很有限，能接触到的信息更是少之又少，每日就是想怎么可以多干点活、多挣点钱，为了养家糊口体力劳动者居多。可是现代人有微信、有抖音，各种活动丰富多彩，吃饱了、穿暖了，对物质生活的需求逐渐地转向精神层面，对精神的追求，个体不同，认知不同，心理需求自然也就不同。加之年轻人观念逐渐地开放，对家庭的互相敬畏、互相接纳和包容自然也就少了。因此，成长就是不断地让自己成熟，不断地在成长中体悟生活，多看对方身上的优点，用赞赏的目光去看待人和事，心态可能

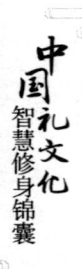

就会发生很大的变化。同时要有勇气和担当为自己和他人的人生负责，就从接纳开始吧！

3. 得感恩之心学会换位

"换位"是一种方法，从小我们常听父母说"请换位思考一下"，和同学闹矛盾了，老师也会说"换位想想"。总之，我认为它是处理问题的一种方法，让你在某一刻通过角色的互换、立场的互换来感受他人的感受，这个方法很奇妙，甚至可以说能够运用于任何关系和场合之中，是人际交往中必须掌握的一种技巧。当我们遇到不公平的事情，抑或是想不通的事情的时候，不妨尝试一下用"换位"来解决自己眼前的困难，当一些关系无法处理得妥帖时不妨试试换位法，假如你是父母，假如你是老师，假如你是上司……多种关系中的不和谐，用换位感同身受，让所有的不和谐与不通畅都变得和谐和通畅。

常常能站在对方的立场，看问题就不是问题了。因为人本来就是自私的，当遇到事的时候我们如果总是想着自己，那看到的问题一般都是很严重的。因为，我们首先考虑到的是自己的利益会受损，如果站在他人的立场将自己的利益看淡的时候，你会觉得那些所谓的严重问题都不是什么。所以，常说"换位思考一下"，一个人在失去理智的时候怎么会换位？此时，大脑的机能和结构也不允许，那保持冷静并控制自己的负面情绪，于是三思而后行，先转换角色以我如果是对方，我会怎么样？以这样的角色转换来拷问一下自己，会发现已出现的结果也不会太糟糕了。

总之，拥有一颗感恩之心会让你变得柔软、温暖，感恩当下的生活，感恩生命里遇见的人和事，感恩收获也感恩失去。因为，怀揣感恩之心可以得到人生的坦途；怀揣感恩之心可以得到智慧的通透。在成长路上慢慢品味坦诚、平和与感恩带给我们的无限幸福！

修身锦囊

敖不可长，欲不可从，志不可满，乐不可极。

——《礼记·曲礼》

这段话告诉我们，不要让傲慢在自己的身体里滋长；对萌生的欲望不可去放纵和不加以节制；志向不可自满，要脚踏实地，谦虚谨慎；享乐不可过度，量力而行，不要被虚荣蒙蔽内心，过度过早为追求享受而错过最值得奋斗的阶段。

第五章
知止智慧——取舍中修炼品格

隋朝大儒文中子的《止学》一书堪称响绝天下,"止"在中国文化中被看作是一种独特的智慧。"大智知止,小智惟谋。过犹不及,知止不败。"①"止"关乎一个人一生的命运,止在人生的每段经历中都有着不同的作用。对老年人来说,一个"止"决定了其晚年生活是否安稳平静;对中年人来说,"止"字决定了其生活状态的取与舍;对青年人来说,它决定了输与赢……"止"的奥妙,可谓是存乎一心。

《大学》开篇就讲:"大学之道,在明明德,在亲民,在止于至善。知止而后有定,定而后能静,静而后能安,安而后能虑,虑而后能得。"何谓知止?在《大学》中虽然没有明确的说明,但在后面的篇章中举出了例子:"为人君,止于仁;为人臣,止于敬;为人子,止于孝;为人父,止于慈;与国人交,止于信。"②所以,知止就是让人懂得适可而止,恰到好处,不要贪婪,懂得知足。这对每个人来说都是非常重要的,也是我们必须在学习中去修炼的一种能力和素养。知止智慧能够控制自己的欲望,不网贷,不虚荣,面对物质的诱惑能够清晰地定位自己的身份和角色,将欲望化作努

---

① 文中子著,东篱子解译:《止学》,中国纺织出版社2019年版。
② 王国轩译注:《大学》,中华书局2016年版。

力的动力,通过学习实现财富的自由。在日常的交往中也要学会知止,讲话注意分寸说该说的,做该做的,对不能讲、不能做的事,自己要有清晰的判断和认知。

此外,《周易》中的"艮"卦,也讲的是"止"的智慧。"艮为山,一阳止于二阴之上,阳自下生,止于极而不进。"从这段话中可以体悟:"行止各有其时,当行则行,当止则止,这才是顺理合义的。"知止的智慧,就是告诉每一个人明确自己应该处于怎样的位置,做好自己分内应做的事,不要做超出自己本分的事情。只有懂得知足和知止,才能够长久地立于不败之地。若能够以"知止"为始,方能以"得"为终。

一、知止之行为智慧

行为是人们在社会生活中所表现出来的一种对待生活的方式和看待生活的态度。它包括两个方面,即外显行为和内在行为。外显行为就是可以被人们直接观察到的行为,例如言谈举止、神态表情等;内在行为是不能被人们直接观察到的行为,如人的思想感情、思维意识等,这种行为也被称为心理活动。[①]一般人们可以通过观察外显行为,进而来推测和判断内在的行为。所以,常常会说通过一个人的行为举止可以判断他的修养和教养。日常行为举止的知止智慧,应该要注意以下几方面:

1. 文明有礼

中华文明有五千多年历史,当我们讲到有礼之人时都会谈到谦

---

① 《汉典》,引用日期2013年11月18日。

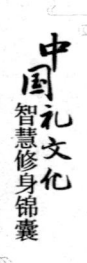

谦君子、窈窕淑女。中国的集体人格恰恰是"君子人格",孔子在整理《诗经》时,开篇之作放了《关雎》,里面有我们大家都非常熟悉且朗朗上口的一句"窈窕淑女,君子好逑",古时君子地位较高,一般大家闺秀才具有窈窕淑女的气质,这篇文章其实在弘扬君子与淑女的"和合之美",中国传统文化把"修身"放在了前面。儒家的礼乐文化就是培养人的行为习惯和道德意识的。例如:我国的鞠躬礼节、位次礼、问候礼等,都蕴含着敬意,通过这种仪式规范自己的行为而达到敬人敬己。又如:平时对师长、父母、老人、同学都应该做到行礼如仪,在日常的生活中潜移默化地培养自己的行为举止。因为,行为的表达可以让人们判断和识别一个人的素质和修养。让行为举止恰到好处,不要过于拘谨死板,也不要过于随意放肆。将知止智慧用于行为意识当中,养成温文尔雅、举止有度的谦谦君子和优雅淑女。

　　有人会认为,今天的时代,我们不能拘泥于传统的文化中,年轻人应该更具有个性和时尚,所谓的礼仪礼节都是一种传统和迂腐的束缚,我个人认为,这种思想是不正确的,所谓有礼有节和时代的潮流是一点不违和的,如果我们一味地追求个性,站姿松垮、着装奇异,相信这种"文化"只是小众的追求,也一定不被传承和弘扬。中国文明历史得以延续和儒家礼教文化有着密不可分的联系,社会的持续发展是需要规矩的,文明礼仪恰好是让我们自律自觉遵守规矩最好的文化。因此,修炼自己的行为,让它由内而外散发知止有度。从此刻开始,从当下开始,注意修正自己的不良行为、习惯,做文明有礼之人。

2. 行为有度

人们常说透过你的举止可以看出家教门风，由此可见一个人的行为举止反映着他自身的修养和家庭的教养。记得2018年带着8岁的女儿去香港旅游，女儿在乘坐扶梯时深刻明白了儿童礼仪课堂中的"右立左行"。过去她在内地乘坐扶梯时从未有过这样深刻的感受，大家都像螃蟹横着站，没有人在任何场合的扶梯上自觉自律地践行"右立左行"，在香港时人们已成为习惯自觉自律地执行这一规矩，疾行人的通道开了，其实就是给所有人都提供了公共资源的便利。国内大多数城市人们行为举止的随意性依旧很强，随地吐痰、乱扔纸屑、破坏公物等现象屡见不鲜。本应温文尔雅、有礼有节的国度，出现这些现象，我们应该反思和修正。身为中国人，每个人都有义务和责任让中国真正的富裕和高贵起来。不该因为自己行为的失当而给自己的国家抹黑。行为有度，不也正是一种提升和精进吗？不同的场合拿捏有度的行为；面对自然环境，能够控制自己的行为，不去破坏，不去污染，不正是知止而后有定吗？一种习惯的稳定，一种行为的养成，终让你成为儒雅且端庄之人。

二、知止之语言智慧

语言是人类进行沟通的最直接、最清晰的一种符号和方式，中国的语言可谓是博大精深，充满着智慧。方言种类繁多，表达方式也多种多样。由于文化不同、受教育程度不同、地域及风俗习惯的不同，语言也相差很大。随着现代科技信息越来越发达，时代不断进步，语言也在与时俱进，稍不留神就跟不上时代的节奏，尤其新生代的沟通方式堪称时髦，如果老师、父母不紧跟浪潮都听不懂他们的词语。语言最频繁的使用就是用于人与人之间的沟通交流。所以，除去它的其他功能，语言的智慧就蕴藏在沟通中，语言的知止智慧是让我们学会在不同的场合和不同的人进行交往的时候，应该以什么样的方式进行沟通，从而能够达到最佳的效果。

1. 沟通的智慧

人的一生都在进行着沟通，不论什么环境、什么场合，它似乎每时每刻都和我们的生活、工作息息相关。在很多调查中，我们发现企业老板在招聘员工的时候，放在首位的招聘条件并不是知识和技能，而是人际沟通能力以及做人做事的态度。因此，学会沟通这项技能会给职场的发展带来很大的帮助。

1990年，美国宇航局发射的哈勃太空望远镜，历时10年时间，共耗资17亿美元，希望通过这一太空望远镜更进一步地了解宇宙、了解世界，但是非常遗憾的是这一备受全世界瞩目的太空望远镜，投入工作时，传回的图像竟然模糊不清。17亿美元加上10年精力投入……谁也没有想到会是这样的一个结果。美国宇航局紧急召集了全球在这个领域的专家进行集体会诊，通过半年多的调研，专家们发现出现问题的原因并不是技术、流程和体制，而是出在美国国家航空航天局人员的沟通障碍上。他们都是业内顶尖的专家，但由于个人恃才傲物，唯我独尊，沟通不畅，导致因小失大酿成大祸。

还有很多关于沟通失败而引发的各种事件，例如医患关系沟通失败，引发的医生被杀案件，亲子关系沟通不畅，导致孩子离家出走、自杀等事件。曾经有一名中学生因为在课堂上喝了口水和老师发生争执，请来家长后，沟通的过程中，这名中学生以上洗手间为由，走出办公室选择跳楼结束生命。很多青春期的孩子和家长不能和谐相处，究其原因就是沟通出现了问题。就像现在人们都用移动电话在进行联系，当信号满格时，通话就很顺畅，当信号断断续续时，通话就会出现问题，听不清，说不全，没搞清楚对方在说什么，这样的沟通一定是失败的。因此，沟通既不是一件简单的事，也不只是家长里短。

有句话说："沟者，构筑管道也；通者，顺畅也。"沟就是一个渠道，通常表示这个渠道上没什么东西堵着，是畅通的。因此，沟通就是人与人之间、人与群体之间思想感情传递和反馈的过程，通过这一过程，能够让思想和感情达到通畅一致。良好的沟通一定是能够让双方都达到满意，要想达到这个目的就必须掌握沟通的一些技巧，具备较强的沟通能力，可以让自己在生活、工作中达到事半功倍的效果。

要想拥有顺畅的沟通，必须具备以下三个要素：第一，沟通要有目标。要想让沟通达到预期的效果，在进行沟通前一定要了解对方的期待是什么，只有这样，才可以进行有目标的沟通。很多时候人们没有对闲聊和沟通做出区分，在没有特别明确的沟通目标前便开始了沟通，你说你的，我说我的，没有目标就像脚踩西瓜皮，滑到哪儿算哪儿。《士兵突击》中的甘小宁让许三多笑的片段，甘小宁的沟通目的就是让许三多笑，甘小宁一开始就提出了"笑一个"，后面的所有对话都是围绕让许三多笑一个的有效沟通。直到用行为非语言的沟通方式，终于许三多笑了，达成了沟通的目标。第二，沟通要被感知。沟通是一个双向过程，因此，在沟通时必须用双方熟悉的语言或者交流方式，让双方形成感知，否则沟通将是无效的，例如一位学者和一位农民沟通，如果学者用大量的专业术语进行交流的话，我想这个沟通一定是失败的，因为对方无法感知。第三，沟通过程传递的信息是综合的。沟通内容的综合性表现在于，它不仅仅是单纯的语言信息的沟通，还包括思想和情感的沟通。有句话叫作说什么并不重要，重要的是怎么说。所以，在沟通中表达的方式也很重要，常言道："话有三说，巧者为妙。"不要在沟通中用最直白或比较冲的方式去讲，这样不仅阻碍了沟通的顺畅度，还会影响沟通者的情绪。

2. 沟通的作用

哈佛大学就业指导小组曾经选择了500名被解雇的职员，并对他们进行了详细的调查，结果发现被解雇的原因仅人际沟通障碍导致工作不达标的占到82%；普林斯顿大学通过1万份人事档案来分析优秀的职业人，发现25%取决于"智慧、专业技术、经验"，而75%取决于良好的人际沟通。从上面的数据中不难看出沟通在职场中起到非常重要的作用。

1982年，邓小平同志与撒切尔夫人因香港回归问题进行了会晤，在沟通中邓小平同志在一些小细节中给了英国下马威，表明了对香港回归问题的立场。会面结束后，撒切尔夫人在走出人民大会堂下台阶时还摔了一跤，据说是被吓着了。他们的会晤谈的是香港回归问题，撒切尔夫人是来谈条件的，要么继续由英国统治，要么由主权换治权，不行就给中国制造一些麻烦……邓小平说："中国一定会在1997年收回香港，同时也不能接受英国继续管治香港的主张，中国有权派军队武力收复香港。"撒切尔夫人回答道："如果这样，将会导致香港的崩溃。"邓小平则说："如果这样，我们要勇敢地面对这个灾难。"①经过那次谈判，每每被提及，英国人都无不感慨："邓公够狠！"邓小平在那次会谈中还说了一句饱含力量的话："中国人穷是穷点，但打起仗来是不怕死的！"也许是这句话让撒切尔夫人在会谈后心有余悸，走下人民大会堂台阶时不小心摔了一跤。在这场有"设计"的沟通后，香港于1997年顺利回归。由此可见，沟通是多么重要！

　　沟通作为工作和生活中的生命线，它就像人身体中的血管一样，贯穿于全身每一个部位，帮助身体循环，从而提供和补充各种各样的养分，形成生命的有机体。日常生活、工作和个人的成长都是通过沟通来完成的。如果没有了沟通，一切事物都是空谈。沟通还可以更好地激励他人，良好的管理和沟通能力能够打开人们的心灵之门和智慧之门，进而充分地去激励和挖掘人的潜能，更好地为社会、为组织、为企业创造价值。沟通也是一种情绪的表达。沟通是情感的交流，更是一种情绪的表达与宣泄。无论生气、愤怒、厌恶、喜爱、快乐、愉悦、兴奋，每种情绪状态都是通过沟通来传导的。

　　据说唐代魏征每次在唐太宗面前讲完话后，唐太宗都要出去散步。有人就问唐太宗："皇上，魏大臣为什么每次讲完话，您都出去散步？"唐太宗说："我怕我杀了他。"魏征当时的职务是谏议大夫，之前是唐太宗哥哥李建成的人。唐太宗杀了他的哥哥后，继续让魏征担任谏议大夫，从这一点可以看出唐太宗是一位能包容且惜才的皇帝。魏征也是一个非常正义勇敢之人，他并没有因为之前是唐太宗哥哥的人而担惊受怕、阿谀奉承，而是坦率敢说，有时甚

---

① 高伟栋：《邓小平与撒切尔夫人的世纪交锋》，载《档案时空》，2014年，第3期。

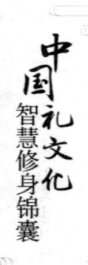

至还敢批评唐太宗。唐太宗深知他说的都是对的，所以选择出去散步来缓解自己的情绪。因此，沟通也是情绪的通道，在沟通中能够控制自己的情绪也是良好沟通的基础。

一次完整的沟通由输出者、信息、沟通渠道、背景、译码、接收者这6个要素构成。输出者就是讲话的人；信息就是讲话的内容；沟通的渠道有面对面的沟通，也有非面对面的沟通；背景是每个人身处的年代、国度、国际形势、环境以及你所学习的专业，甚至你今天上学路上遇到的人，或发生了一件匪夷所思的事等综合而来的，因此，背景是千变万化没有定数的。译码是每个人都有自己的价值体系，以及自己地方的文化习俗，不同的背景，译码是不同的。不一样的结果，在于翻译的过程，每个人是带着自有的背景和认识的。最后是接收者，就是接收信息的人。其实接收者是相互的，对方接收到信息做出的反应和回应输出者也需要再次接收并继续输出。因此，我们通过了解沟通的环节，将沟通的作用及功能发挥到最大。

3. 倾听的能力

中国有句话叫："听锣听声，听话听音。"学会听弦外之音，这也是提高情商力的基本能力。生活中我们总会遇到沟通不畅，你说你的，我做我的。例如最典型的夫妻吵架，有人说夫妻吵架有可能是性格不合，也有人说是三观不一致，其实不管是什么类型，归根结底就是无法沟通了。也就是我们常常说的出现了沟通障碍，什么是沟通障碍呢？主要表现为：不会听、不会说、不会聊。上帝给了人类两只眼睛、一对耳朵、一张嘴巴，就是让人们多看、多听、少说话。因此，听是沟通顺畅进行的首要因素，但往往"说者无心,听者有意",表述者没有表达清楚意思,听者出现了误会,然后越讲越不清楚,最终导致沟通彻底失败。如何听、如何说、如何聊,就需要大家掌握一些必要的技巧和快速反应的能力。

要有意识地学会倾听。因为倾听是进行有效沟通的首要条件。能够被他人真心地倾听是一份最珍贵的馈赠。如何学习去倾听他人的谈话,是一门艺术,也是一门学问。把我们亲切的眼神带给对方,传递出更多的温暖,养成倾听的习惯,让思维先行,争辩就会减少。因此,倾听具有以下几个原则:一是专注性原则。专注是倾听的首要原则,真正有效地倾听需要具备全身心关注对方和避免各种干扰的能力,在与他人进行交流的过程中,应该有语言和非语言的交流回应。我们发现自从有了手机后,人们聚会聊天或者沟通交流时的专注性降低了很多。很多时候我们一边看着手机一边和他人进行聊天时,其实有效沟通的效率只有50%,甚至更低。生活、学习中与他人进行沟通交流时一定要专注,这样也是对对方的尊重。二是反应性原则。倾听不是被动的行为,而是要对他人传达的全部信息做出积极的反应。因此,不要光听,不管是用语言还是肢体动作,要给予对方适当的回应。在与他人谈话中,要注意耐心听取对方的讲话,同时要做出相应的回应,以示对讲话人的尊重和诚意,如伴有点头、微笑或配合"嗯""啊""是吗"等这样的语言及肢体语言的回应。三是有效性原则。良好的回应并不代表有效的倾听,在交谈过程中如果只是敷衍地微笑、点头或者语言回应,对方都能感受到。因此,要保持真诚,并对谈话内容进行思考,再做出回应,让倾听达到真正的效果。

倾听是一个人较高修养的体现,要学会做一个倾听者。

（1）要养成良好的倾听习惯

良好的倾听习惯和倾听态度比掌握说话的技巧更为重要。许多人在生活中总是急于去表达，而没有耐心认真去倾听，这就导致人们听话的能力要比说话的能力差很多。因为，每个人都急于去表达自己，沟通中不要忘记首先要养成听的习惯。

（2）设身处地去感受

在日常的沟通中，我们不但要听懂对方语言和行为直接表达出的内容，还能够听出言外之意，因为中国文字博大精深。所以，在沟通中情况不同、沟通意图不同，对方说的和实际也许并不一致，甚至会避重就轻，这时就需要倾听者尽量设身处地、感同身受地理解对方当下的情绪，给予对方肯定和认同，让对方知道你能站在他的角度和立场并与其产生共鸣。

（3）学会察其言观其行

通过讲话的动作、表情、情绪等，确定沟通中的讲话内容和方式，要掌握好尺度，哪些话可以讲，哪些话不能讲。在双方的交谈中，当提及一些能够引起共鸣的话题时，即使有不同的观点或强烈的情绪体验，也不要随意表达出来，更不要与对方去争论高低，这样很可能会导致沟通就此中断。

（4）不要急于下结论

很多时候人们没有耐心充分的倾听，常会在交流刚刚开始，就急于提出解决问题的办法，这样往往会导致误判，引发一系列不必要的麻烦。也不要轻易对他人的行为给予过多的价值判断，如"你不应该这样做，应该……"等类似的建议，这不仅是作为倾听者最大的忌讳，也是人际沟通中的大忌，尽可能委婉地给他人提出建议，而不是直接给出自己的价值判断。倾听过程中我们时刻提醒自己保持"可问可不问时，不问；可说可不说时，不说"。总之，做到专注、真诚、认真、有效，尽量少说多听。

在说话表达时语气、语调不同，传达的情绪也会有所不同，例如：简单的一句"你今天吃了吗"，语气不一样，看看会有怎样的演绎。

4. 有效的表达

语言是人际沟通的桥梁，语言的艺术渗透在学习、生活的方方面面，当我们步入社会后，每天都要和形形色色的人打交道。因此，掌握熟练的语言表达技巧是职场立足的必要能力。日常的交流中，语言礼貌、恰当、清晰、简洁就会给听者带来亲切愉悦之感，同时也能给对方留下美好的印象。如果语言生硬、无礼、含糊、啰唆会让听者反感，也会因此让自己的形象大打折扣。因此，要不断地提高自己的说话水平，增强个人的语言魅力，为自己树立良好的形象。

语言表达的首要基础是掌握清晰有效表达的方式方法。

重音在"你"：你今天吃了吗？

重音在"今天"：你今天吃了吗？

重音在"吃"：你今天吃了吗？

语气不同，说出来的意思完全不同。语调的上扬和下沉也会有不同的意境，快乐高兴地表达多半是上扬，而生气郁闷多半是下沉。

有一项调查表明，语速快的人思维比普通人要快。换句话说，语速快的人比较聪明，但会让听众产生听觉的疲惫。因此，如果你的语速比较快的话就要控制，在正常的沟通中，当你说话特别快的时候，接收者会特别累，而且很难记住讲话的内容，甚至还会将所讲内容遗漏掉。因此，要放慢语速，最大可能地让接收者接收到准确的信息。

很多人可能都会想，这么简单的内容我还需要学习吗？仔细回想一下，生活中你会主动并习惯性地使用礼貌用语吗？看似简单的礼貌十字用语，但真正能主动用到生活中的不多，例如：我们接打电话时，大多数人第一句会说"喂"，其实这是一个很不礼貌的用词。西方人接打电话第一句会说"hello"，翻译成中文是"您好"。因此，礼貌十字用语——"您好，请，对不起，谢谢，再见"再简单不过了，可是生活中能够运用得非常好的不多见。这和我们的语言结构有很大关系。比如：在家里，你常常让父母帮你做一件事的时候，我们常用的语言结构就是"××，给我倒杯水"。这句话看似没问题，但细读起来语气中充满了命令和理所当然，未来你的语言结构就是以这种方式表达的，殊不知在步入社会、步入职场后，没有那么多的理所当然。因此，表达前不要忘记加一个再简单不过的"请"字，"请"字当头语言立马有了礼貌。如"××，请帮我……"我们会发现，一个简单的字，让语言变得更加柔软，别人评价你的时候会觉得你的个人修养不错。

生活中如何正确使用礼貌用语呢？要注意以下几个原则：第一，要主动热情。见到熟悉的人或者长辈、老师要主动问候，我常常在教师培训中跟大家说，孩子们在幼儿园时学习小学的知识，小学又学中学的知识，中学开始学高中的知识，到大学就该教他们幼儿园的知识了。因为，很多大学生见到老师不问候，甚至不说话，前一秒还在课堂和你点头互动，下一秒在校园他视你为陌路人。这样的同学太多了，这里我一点没有夸大，如果在你的成长中连最起码的主动问候都没学会，未来社会没人教你，只有直接淘汰。第二，及时致谢。当我们受到别人帮助的时候，要主动致谢，别永远给人的感觉都是你应该为我付出。谢谢不离口但也要把握度，不能句句都带，其实任何交往都需要把握好度，适度是交往中的一个黄金原则。第三，真诚致歉。致歉是交往中因一些失误或者不周给他人带来不良的影响和不便，及时用语言进行的弥补。

　　日常使用礼貌用语的时候，首先，说话要使用尊称，语言要文明、简洁、清晰。其次，说话要热情而柔和，讲究语言表达的艺术，不要不经任何考虑直接表达。西北人比较耿直，语言表达习惯直截了当，不顾及对方能否接受就直接讲出来。俗话说："良言一句三冬暖，恶语伤人六月寒。"语言表达的习惯非常重要。有些表达需要直接，有些则需要委婉。因此，在表达前一定要进行思考。可以了解信息接收者的年龄背景，每个年代的人们表达习惯是不同的。例如：80后语言表达特点是表达前要做铺垫，表达比较含蓄，语气、语调较为平和；90后语言表达特点是活跃，表达直接，语气、语调高昂；00后自我意识较强烈。不同年代成长环境不同，接收到的信息不同，因此表达的方式也不同。所以我们说语言表达是一门艺术，也是一门技术，如何表达才能让自己的观点被人接受？如何表达才能让对方舒服？这需要我们不断地学习和提升。最后，讲话的时候要注意举止、表情。讲话时的举止、表情在表达中也十分重要，讲话时手势动作要恰当，不要过多，也不要轻易地配合手势指点，过多的手势会干扰讲话的质量，也会给他人造成不稳重的错觉。因此，表达时举止动作要得体大方，手势适度，眼神位置符合礼仪要求，面容要有微笑，这些要素都是促成良好沟通交流顺利进行的重要因素，同时也是个人礼貌程度及修养的体现。

有礼的语言表达重在践行，能够把它应用到生活中，从而通过语言展现个人素养和魅力。从今天开始不要忘记主动使用"您好，请，对不起，谢谢，再见"，做一个语言文明之人。

三、知止之思想智慧

知足、知止，是中国哲学中独有的一种智慧，最早见于老子的《道德经》："知足不辱，知止不殆。"意思是说，人的祸患多来自人们贪婪且不知足的本性。因此，在学习成长的道路上，我们不仅要有较高的思想道德修养、健全的人格品质，同时也要有廉洁自律的思想防线。前面就提到很多年轻人容易被无止境的物质欲望所蒙蔽，而让自己陷入焦虑或困境中，究其原因多半是因为对物质的欲望太多，不懂得取舍和克制。

我们常会说人要知足，往往是说起来容易做起来难，当月收入2000元的时候，会想如果一个月能赚5000元就好了，当你的收入到5000元的时候，就会想要是能拿到1万元就好了。其实每到一个收入阶段的时候，自己的心态、环境、物价都在发生着变化，人的需求也在随之发生改变。因此，我理解的知足应该是做到"满足于已经得到的就可以"，"量力而行"这个词用到这里再合适不过，知足与量力而行就是最好的呼应，每个人根据自己的情况来满足自己物质和精神的需求，这是最智慧的决定。就像北大、清华，人人向往之，可是能去的有多少人呢？我们为什么没能去？一定是能力还不足，你要坚信人的差距，当你坦然接受了自己的智力、能力在自己能游刃有余的圈子里就是最好的事实后，你会发现自己也是光芒，自己也是天使。正如习近平总书记在2021年为张桂梅校长颁发七一勋章时所说的那段话:"英雄来自人民,人民就是英雄。做教育,要远方有灯,脚下有路,眼中有光。"不管自己身处何方,如若让自己远方有灯,脚下有路,眼中有光,我想你一定自带万丈光芒。所以,知足就是正确地评估自己,然后努力做到自己应该能做到的,然后感到满足。

接下来会谈到思想的知止,"思想的知止"多半源自自己的内心,它不同于知足,知足是说要满足于当下,而知止则是"获取过程中"能够克制。《增广贤文》中说道:"知足常足,终身不辱;知止常止,终身不耻。"这句话将知足与知止的道理讲得非常透彻,知足的人往往更懂得满足,永远不会因为欲望而困扰自己;同时懂得知足的人也能够有所节制,永远都不会因为自己的欲望而蒙受耻辱。知止并能常止不就是学会照见自己,在行走的路上不断地去反思和自省,从而修正和取舍。面对生活,当倍感压力时停下来看看自己,念想是否太多而占据了我们的内心,及时止念并能取舍;学习时如果感到痛苦,也请停下来回看自己,学的东西是否超越了自己目前接受的能力,抑或是这一学科本就是自己不擅长的,这时就应该转变策略而不是蒙头苦学,要找到有效的解决方法,寻求更好的出口。因此,知止教会我们适可而止、懂得取舍,这样你的人生才不会超载而行。《红楼梦》中智通寺有一副非常有名的对联:"身后有余忘缩手,眼前无路想回头。"这副对联不只是写给贾府的,它更是反映出了世人的常态,自己已经拥有很多了,却还是不懂得知足,一直被贪念所控制,导致错误一发不可收拾,让自己已经走到了路的尽头,此时只能追悔莫及。

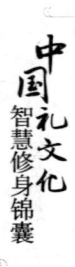

"甚爱必大费，多藏必厚亡。"①做人、做事如果不知道收敛，欲望无止，追求名利，什么都想拥有，必定要付出代价，遭受惨重的损失。这并不是因为不懂得，而是让知止在内心彻底消失，知而无止，导致凶险和灾祸降临。"罪莫厚于甚欲，咎莫憯于欲得，祸莫大于不知足。故知足之足，常足矣。"

修身锦囊

知足不辱，知止不殆，可以长久。

——老子《道德经》

老子在《道德经》中告诉人们，在生活中不要让过度的欲望追求带来灾难性的后果，当我们知足时就不会受到侮辱，凡是懂得适可而止，就不会遇到困难和挫折，这样才能够获得长久的幸福。

---

① 李先耕：《老子》，吉林大学出版社2020年版。

第六章

绽放自我——终有爱你的蝴蝶

　　绽放意为花朵开放，罗曼·罗兰说："要散布阳光到别人心里，先得自己心里有阳光。"尤其是年轻人正处在思想活跃时期，不论从身体还是心理层面，他们都居于人生精力最旺盛的阶段，此时一定要倍加珍惜这样的青春年华，人生值得在此刻体验冒险、体验成长、体验挑战、体验有意义的青春，从而为自己的青春回忆录添加色彩。那我们就需要做到了解自我、发展自我和表达自我。很多人上了大学后还不知道自己喜欢什么，学习是为了什么，甚至以后自己会干什么。一无所知，这是一种普遍存在的现象。因为大家从小都没有这样的课程去引导、规划生涯，都在忙碌地学习，为考高分而忙碌不已。年龄很小就戴上了眼镜，幼小的心灵在小学阶段就开始焦虑，导致大多数人没有机会展现自我，时间久了我们就忘了自己是谁，甚至不敢打开自己，状态永远像那朵未绽放的花苞，开花需要老师和父母助力。说通俗一些，就是大多数孩子的主都是父母做了，往往这种任何事都是父母做决定的孩子，进入大学后是最迷茫和消极的群体。而有主见的孩子就会游刃有余，会将大学生活安排得多姿多彩。此刻你看到这里时不论你是哪一种类型，你都应该坚定地告诉自己，你已经年满十八岁，自己终将要为自己负起责任来，未来你还要担负下一代的养育责任，因此你必须有义务做好自己。

绽放自我就是将自己潜在的能力在自由自主的环境中进行挖掘，我们从小的评价方式往往被所谓的"优秀"锁定。成绩好就是优秀，学乐器、学跳舞、学乐高、学画画……每个孩子都拥有十八般武艺，孩子周末奔波在各种兴趣班的路上，家长也身心疲惫，回头看看，当这些孩子都长大后还有十八般武艺的到底有多少？这个问题值得我们去思考，每个家长都希望自己的孩子样样优秀，于是就用力地加持孩子。那么现在的你，看看自己身上还剩下了什么！自信有吗？积极心态还有吗？乐观勤奋并保有热度吗？当这些问题抛出的时候，我们该考虑调整自己的人生规划和掌舵人了。你的规划人不是父母、师长而是自己，你人生的掌舵人也该由自己接手了。当我们开始做自己主人的时候，你会发现自己开始慢慢被打开，也会因此而更加有责任感和成就感。我常常鼓励学生，进入大学之门，你就是全新的自己，不管过去成绩怎样，排名怎样，甚至老师对你的评价怎样，那都是过去式。此刻我们要进行现在式和布局规划未来式，需要重塑你在自己心目中的形象和他人眼中的形象，这是最关键的。当用这样的语言鼓励和支持他们时，神奇的效果出现了，很多同学开始喜欢来到我的课堂，脸上的表情变得柔软而美好，眼神里有了青春的光芒，这般神奇的力量来自内心的坚定和改变。你也不妨尝试从以下几个方面来"打开自己"。

一、给自己喝彩，你也有过人之处

2016年首届丝绸之路（敦煌）文博会，我带领46名姑娘参与此次礼仪志愿服务工作。她们身着一身橘色礼服，笑靥如花、热情大方，赢得了中外嘉宾的高度赞誉，成为会场中一道亮丽的风景线，正是她们的端庄挺拔、落落大方、优雅举止吸引来了众多的镜头和目光。甚至在国际盛会的舞台上，丝毫没有语言的问候，没有繁复的服务程序，只有洋溢在脸上真诚地发自内心自信甜美的微笑，一站一站中看到的微笑传递的情感几乎一样，直到宴会厅门口，一个优雅的指引手势，衔接得那么完美，无不体现着姑娘们较高的礼仪专业素养。殊不知挂在她们脸上的微笑、站立姿态、手势的运用，背后付出了多少心血和汗水，方可让自己精彩地绽放在丝路圣地的"舞台"上。其中43名志愿者都是航空专业学生，她们文化课成绩并不高，是很多老师评价最不好管理和教学的群体。可是，她们在整个志愿服务中吃苦耐劳、积极进取的样子，感动了很多人。从这件事上我更坚信人的优秀不分高低等级，正如前面提到的，只要在你能力所及的圈子里发光发热，你就是万丈光芒。能在最美的年华里开始绽放自己就是最好的决定。

  2021年6月我有幸参与了中华人民共和国第十四届全运会颁奖礼仪志愿者的培训任务，我承担西北大学、陕西师范大学和西安邮电大学三所学校的培训工作。因为连续参与服务三届敦煌丝绸之路文博会培训工作，我对礼仪志愿者的培训也积累了一些经验，近五天的集训中我与三所学校的同学很快建立了友好而和谐的关系，两天我们就顺利完成了所有的课程内容，剩下的时间就是反复训练和熟悉颁奖流程，志愿者们忍耐高跟鞋磨脚的不适，坚持站立8小时，托盘负重两公斤，脸上依旧笑容灿烂，这种奉献精神让我无比感动，这不正是中国大学生应该有的担当和精神吗？在多次大型国际会议和运动赛事活动中，大学生志愿者带给我太多的感触……每个人都很优秀，只要你愿意为自己喝彩，你一定也有过人之处。

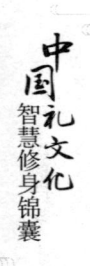

二、举止优雅，绽放自信

在每个人的心中一定都有一张让自己尤为喜欢或骄傲的照片，留在我相册里最珍贵、最喜欢的一张照片是我的女儿在新加坡旅行时拍下的，她那时刚满5岁，拍照时我只说了一句"宝贝看镜头"，没有给她做任何摆拍的指导，拍完后因为很喜欢便放在了朋友圈里，那一天点赞率瞬间达到了好几百条，回复最多的是"宝贝好优雅""妈妈不愧是教礼仪的""从女儿身上看到了妈妈的影子"……一张什么样的照片引发了如此之多的朋友关注，甚至连很久都没联系的朋友也纷纷回复，仔细端详发现的确值得夸赞，她上身挺拔，双腿、双脚并拢并微微立起了脚跟，双手叠放在大腿上，这不就是一个标准的礼仪坐姿吗？

女儿3岁半开始学习儿童礼仪，并多次随妈妈一起走进大学的礼仪课堂，因为一直坚持自己养育孩子，所以，在她无人照顾的情况下，我会带她去我的课堂，我们约定我讲课时，她在教室最后面的角落自己看书，但每一次我都发现她会被我们的课堂所吸引，因为她觉得有趣，那自然这一所谓的"标准"坐姿便是在我的课堂上学到的。也因为她优雅的举止，常常会被别人夸赞，女儿也因此获得了自信心。

这于孩子的成长非常重要，因为孩子在习得中逐渐产生场合意识和规则意识，周围有很多人还是更在意孩子的成绩，关于孩子的形象、举止、礼貌、自信等方面的素养教育总会薄弱一些。甚至还有人告诉我，女孩上学的时候头上不允许别发夹，凡是有花的或各种漂亮的发夹都不允许佩戴。听后我会觉得这位妈妈有点极端，她担忧孩子会过早注重打扮自己而不好好学习。有时候家长的杞人忧天是不太管用的，我们在教育孩子的时候引导她懂得美的真正意义，让她们懂得场合和规矩，因为孩子的得体和自控而逐渐地会在任何场合中变得更加自信。比如可以告诉小学生、初高中生上学期间不能化妆，要认真洗脸、擦油保护好皮肤，不要让青春期的油脂沾满自己的脸和头发，这是对形象和自己的尊重，也是对他人的尊重，这个年龄阶段化妆只会让别人觉得你过于肤浅，而真正的美还需要内在素质的修炼。只有内外兼修才可以让人真正的自信。当她们能够真正懂得美的内涵时，相信在不同的年龄阶段、不同的场合中自然就会拿捏得当。

想让自己能够拥有阳光般的自信，就要做到品位出众、举止得体、言辞和善、注重礼仪；想让自己成为受人欢迎、受人尊敬的人，想要提升自信和魅力，就请时刻注意举手投足间的一举一动、一颦一笑，它们都能让你绽放自己的光芒。

举止就如我们日常的穿衣打扮，不同场合对其要求也是不同的。因为在不同场合中，每个人的角色、身份不同，相应地对自己的仪态举止要求自然也不同，如作为教师在课堂就应该端庄大方、自然得体，在休闲场合就可以时尚活泼、风格多样。例如：尽管现在斑马线更加清晰，红绿灯的安置更加规范，但仍有一部分人依然闯着红灯，带着焦虑在车流中穿行；大庭广众之下，解衣宽带；公共场合大声说话；毫无掩饰地当众补妆、使用牙签；在剧院里吃零食、嗑瓜子，等等。

很多时候与人交往多半属于"一面之交"，甚至没有机会让双方进行深入的了解，这种交往基本靠第一印象来进行评价，这时候第一印象就会尤为重要，是否能够给对方留下好的印象决定了未来

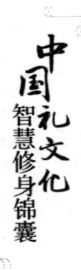

交往的程度。如果你的举止行为不得体，就会给对方留下不好的印象，也许在今后的交往中也很难去改变对方的看法和印象。所以，在不同场合必须重视举止礼仪。

1. 商务场合举止

商务场合需塑造良好的形象，着装需遵守惯例，通常以正装西服为宜，女士需化淡妆上岗；言谈必须讲究礼貌礼节，在商务场合称呼他人时不能用无称呼，不能用替代性称呼，不能称兄道弟，也不能用不恰当的地方性称呼；行为举止要符合规则，站立、行走等仪态举止均需严谨标准，站立需挺拔舒展，走路脚步轻盈且干练，办公桌前的坐姿需端正；面对任何人都需笑脸相迎，礼貌问候。所有行为举止都能体现商务人士的修养和风范。

2. 社交场合举止

社交场合比商务场合略显轻松，在社交场合，着装需符合要求，做到应景，否则会给自己带来不必要的尴尬，女士需化妆且妆容可以略浓于商务场合；仪态举止方面，女性以凸显柔美为宜，站姿可采用交流式，脚步为小丁字步，走姿轻盈且优美；男士着装可略带时尚感，比平时略多一些饰品的搭配，仪态举止上凸显谦谦君子之风，言谈举止讲究礼貌礼节，不随意打听对方年龄、收入等关于个人隐私的问题。总之，在社交场合，举止应体现出个人修养与魅力。

3. 休闲场合举止

休闲场合言谈举止可轻松幽默，不用讲究太多的礼仪礼节，否则会在交往过程中给对方带来拘谨的感觉；行为举止也不必像商务场合和社交场合中那么规范和严谨，比如坐下时可完全倚靠椅背，将身体放松。总之，在休闲场合，不论是言谈还是行为举止，都不宜给人带来一种拘束和拿捏的感觉，所有行为举止都让人感觉和谐、舒服即可。

不同场合仪态举止的要求也是完全不同的，懂得场合规则方能在任何场合游刃有余。尤其在正式场合也不会因失礼而带来尴尬，在休闲场合也不会因拘谨而让对方感到不适。因此，在日常生活中培养良好的举止、习惯，时刻懂得区分场合，不断地刻意练习，让自己无论出现在什么场合都能得体应对。

优雅得体举止的养成：

1. 自然

举止应如行云流水，行止自如，不矫揉造作，不呆板局促，举手投足间如清泉一般流淌。微笑需发自内心，不强颜欢笑，不满脸堆笑；眼神充满温暖，不尖刻不挑剔；身姿挺拔而端庄，不随意不歪扭；手势有礼节，不指点不吝啬；坐姿要得体，不懒散不敞腿。举止自如规范，才能带给别人真诚和朴实，而不是作秀一般的拿捏。

2. 得体

同样款式的服装有些人穿着就非常漂亮，有些人穿着就略显逊色甚至极不适合，正如人们常说，做自己就好，不必去羡慕别人所拥有的，那往往是事物的表面，自信地做自己终有一天活出属于自己的美丽和温暖。因此，举止要与身份相符，与场合适应，与情境

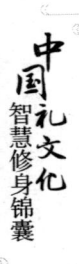

相匹配，那便是最好的得体。每一个人的举止不仅代表个人的形象，有时还代表国家的形象，我们每个人都承载着一个民族的自信和光芒，所以，提升国民整体修养才能够让我们更加自信地立足于世界。我们时刻做到能够清晰地认识自己的身份角色，掌握场合中的基本规则，做一个举止得体、自信的中国人。

记得一次培训结束，搭乘航班时我特地选择了靠近过道的座位，登机后我看到邻座已经入座并开始读报了，我将挎包放在自己座位后，他抬头看了我一眼并向我微笑点头，礼貌还礼后，我要将行李箱往行李架上放时，他立马起身说"我来帮你吧"，那一刻觉得心里很暖，常在旅途中但并不觉孤单，航班邻座的陌生人总会伸出双手帮你放置行李抑或是递接餐食；落地后他仍然很热情地伸出双手帮我取下行李箱，同行至廊桥口互相礼貌道别，我想有时无须刻意地排斥陌生人，因为一个伸手帮助别人托起行李箱再简单不过的举动，会让你多一分温暖，多一分感恩，足以快乐许久。所以，得体的举止会给我们的身体带来积极的正能量。

3. 文明

文明是得体的行为举止的基础和前提，它是建立在修养之上的，首先需要养成文明礼貌的习惯，不论是言语、行为还是举止，能够遵守基本的秩序和规则。例如：不做过马路的"疾行人"，不在马路上随意吐痰，不在公共场合大声喧哗……

女儿常常问我最多的一句话："妈妈，为什么地上有这么多痰迹？他们为什么要吐痰？"她在新加坡旅行时很惊讶地发现，地上看不到一个痰渍，孩子就会奇怪纳闷对比，于是就产生了"我长大了要去新加坡读大学"的想法，当然孩子心中对美的评价是片面的。爱护我们的家园，其实很简单，文明你的举止，文明你的行为，成就下一代孩子的未来。

4. 优雅

每当谈到优雅，我就会想到芭蕾舞者，她们高贵的气质，挺拔的身姿和细长的脖颈，如天鹅一般美丽，那种气质让人由衷赞叹。同样通过各种修炼的举止也可带来高贵优雅之感，优雅往往被看作是举止的最高境界，同样也是精神境界、文化品位、道德修养的综合体现。因此，优雅举止的修炼要在符合一般规则的基础上，追求那种高雅且脱俗，典雅且自如的感觉。在坐立行走、神态表情中都展现出不同凡响，使优雅内化于心，外化于行。

我的一个学员年龄在50岁左右，可是在她身上没有丝毫50岁的岁月痕迹，那次她参加我的仪态课程——寻找最美的你。第二天课程开始，我让学员两两一组互相分享最近几天发生的值得让自己开心的事。大家开始分享时，我被这位大家口中的韩姐吸引了，她很平淡地给伙伴讲着早晨和先生的对话，因为第一天的仪态训练让她感觉有些腰酸背痛，先生早上很心疼地告诉她，就别来上课了，好好休息休息，可是她说："我是这里年龄最大的，我一定要坚持，给大家做好榜样。"先生看到她坚持的态度，便去给她做早餐，早餐做好后又帮她捏腿、敲背，然后送她出门坐上车。韩姐说得很朴实，很从容，脸上洋溢着满满的幸福。

我一直听完她的讲述，并将这个故事和所有学员分享。我想说我要分享的理由，韩姐从着装到谈吐再到她的举止动作，无一不流露着品位感和优雅感，大家不停地赞美"韩姐好幸福啊"。那么幸福的支撑力是什么？想必任何一位男士都不愿意为整天唠叨、邋里邂逅、举止动作随意的妻子去付出太多的精力。韩姐那份让人羡慕的"幸福"来源于自己对生活的精致经营和对自己的不断提升。所以，修得优雅方能幸福。

"播下行为的种子，你会收获习惯；播下习惯的种子，你会收获性格；播下性格的种子，您会收获一生的命运。"拥有优雅的举止，让自信尽可能地在生命中绽放。

三、改变不了环境就改变自己

魏书生曾说："当你无法改变环境时就试着改变自己，用一颗健康、乐观的心态去看待周围的一切，你会有意外的收获。"积极乐观的心态往往可以战胜一切困难，最终取得胜利；而消极悲观的心态会毁灭一切，最终失败。因此，事情本身并不重要，重要的是你对它的态度。当你经历困难的时候，不要灰心，因为只要咬牙坚持就可以看到曙光，当无法改变事情的时候，就尝试去改变看待事情的态度。很多时候我们的心态和状态大多是来源于生活中的处境。比如家庭环境、学校环境、社会环境等，不论这些环境怎样，都会发现年轻的你很难去改变它们，因为能量还不足，经历也不多，认知也不深刻，这时候不要急于去改变你所处的环境，而是想办法改变自己。可以尝试改变自己的性格和心态。很多人都认为性格是从父母那里遗传到的，后天很难改变，当然我们不否认它带有先天的成分，可是后天的环境、自己的意念都可以对性格进行修正，前提是你首先要学会认识自己，有些人性格固执且偏激，活到老也依然偏执，从不去反省和认识自我，这样就很难去改变自己。

曾子曰："吾日三省吾身。"曾子说："他每天都会多次反省自己。"一个人最难能可贵的精神就是能够去正视自己、照见自己，进而去修正自己。每天反省自己其实不是苛责地强迫自己凡事都需要如履薄冰、兢兢业业，否则就会有罪恶感。这里我想说的反省就是每一天都能在晚上放松的那一刻，回顾一下今天发生的一切，看看工作效率怎样？处理事情是否有极端行为？是否有情绪失控等一些不妥的行为或者不良的情绪产生等？如果有，明天是否可以调整？当进行一个这样的梳理和调整后，你会发现工作做起来似乎更有条理了，情绪也会逐渐地放松甚至可以排除一些负面情绪。慢慢发现自己可以驾驭和处理好各种关系，那这就是在照见中不断地修正和进步。在未来的生活或者工作中用这样的思维去处理自己的心境，不论在什么行业、什么岗位或是和什么样的人打交道，相信都可以胜任，因为你懂得如何去适应环境，而不是让环境来适应你。

　　记得2006年的夏天，我自驾去九寨沟旅行，途经若尔盖大草原时，无边的花草、温顺的牛羊、丰饶的草原、晶莹的云朵，令人心旷神怡，就想停下车在草原上欢腾雀跃，置身于广袤无垠的草原之上，享受它无尽的美。那一刻，我拿着相机兴奋地拍眼前的每一处美景，在镜头中我看见向我奔跑而来的藏族小朋友，他们身穿藏袍，一脸的质朴，因高海拔寒冷的气候使得他们的面部呈绛紫色且有微微的小裂痕，我拿起相机给他们拍照，孩子们摆出剪刀手笑得那么纯朴温暖，没有丝毫的陌生感……那张照片让我记忆犹新，只因镜头下的孩子们没有城市孩子更多的欲望和霸道，他们在草原享受着自然恬静之美，当游人的车子停下时，他们奔来，讲着蹩脚的汉语，只因想与他人沟通并获取外面世界更多的信息。

　　高寒阴湿的自然环境，封闭落后的物质生活条件，在他们的眼中依旧充满的是希望和美好。在草原开怀颂歌、骑马驰骋、欢快起舞，与牛羊蓝天为伴，美好幸福世代相传，只因那内心坚定的信仰。看见他们常会让自己洗礼内心的尘埃，我们总想拥有的太多，以至于有时候自己都不知道什么是快乐和幸福。因此，你总想要试图去改变所处的环境和人，要明白有些事和人不是我们随随便便就可以去改变的。就像青藏高原的气候和环境，谁可以去改变让它四季如春呢？

  2002年我被保送至大学，那时因为填报志愿的失误，被地理与环境科学专业录取，被录取的那一瞬间，整个人都蒙了！对师范生而言，地理也仅有点高中的入门知识。面对这个陌生、自己根本不感兴趣的专业，原本被保送的兴奋和开心，瞬间化为乌有。那时不能随意转专业，大一入学后的自己，带着各种不情愿开始了大学专业的学习。因为给自己已经设了很多限制，甚至贴了明确的标签，我就是学不懂，自然就不愿意去学。那时想尽了各种办法去转专业，大一、大二的所有心思基本都用在了"我不愿意"和"不喜欢"上，消极、失落、悲观让自己感觉人生就此跌入了低谷，甚至还要接受从曾经的"学霸"至"学渣"的现实，那两年也是我人生中最灰暗的一段时间。在挣扎了两年后，几乎看不到转专业的希望，于是我开始主动地亲近这个专业，慢慢发现也不难学而且学到人文地理的时候甚至还觉得很有意思。自己也开始改变了心态，学习成绩逐渐进步。这段经历在我后来的成长中影响极大，从此我不再急于给自己贴标签，什么我学不会、搞不懂，只不过是自己愿不愿意去学和愿不愿意战胜困难而已。比如说学习这件事，很多人觉得太难了，但难这件事也有克星，那就是勤奋。多努力一些，花比别人多几倍的时间去学，还能学不会？我们自身的智力水平和环境都是无法改变的，唯一可以去改变的就是自己。正如美国弗格森曾说："谁也无法说服他人改变，因为我们每个人都守着一扇只能从内开启的改变之门，不论动之以情或晓之以理，我们都不能替别人开门。"学会适应环境，从改变自我的修养中不断提升和完善自己吧。

四、克服好高骛远的心态

好高骛远这一成语出自《宋史·道学传一·程灏传》，意思是说："脱离实际地追求目前不可能实现的过高、过远的目标。"这个特点一旦出现就会制约我们脚踏实地的前行。[①]美好的事物人人都想追求获得，但是过程需要一步一步去踩实，人的本性不论是善还是恶，我们需要采用不同的教育去引导。有人从小就踏实，学习工作都能认真努力地完成；有人却总想通过捷径去实现自己的目标，不愿意付出太多的精力。殊不知一次两次还好，如果把走捷径或是不劳而获的念头变成学习和生活的常态，就会让自己一直浮在空中，不能着落，时间久了不但会影响自己的发展而且也会影响自己的身心健康，总会因为这样的心态而备受挫折。因此，不论是生活、学习还是工作，我们都应该常怀敬畏之心，认真、踏实、高效、正确地去面对。人生没有捷径，所有的成功都是一点一滴慢慢收获而来的。

金溪平民方仲永的故事可以给我们深刻的启发，当取得一点小成就就开始骄傲自满，甚至自以为是，应该就是成功的终结。方仲

---

① 陈邦瞻：《宋史·道学传一·程灏传》，中华书局2018年版。

永的家族世代为农民，不认识笔、墨、纸、砚的方仲永5岁时忽然哭喊着要这些东西，他的父亲感到非常惊异，于是就跑到邻居家借来给他，方仲永拿到后当即写了四句诗，并且题上自己的名字。他写下的这首诗是以赡养父母、团结宗族为主题的，写完后大家都感到非常惊叹。从此之后方仲永能够写出任何题材的诗作，而且从诗的文采和道理都还不错。所有人对他这一突然出现的才华倍感惊奇，于是开始请他的父亲去家中做客，有人甚至还花钱求方仲永题诗。他的父亲一下觉得这样有利可图，每天便带着方仲永四处上门写诗挣钱，并没有送他去读书学习。方仲永长到十二三岁时，他写出的诗越来越平淡。到了19岁左右，才能全失，再也做不出惊人的诗篇。从这个故事中，我们再看向生活的时候，就会发现身边有很多这样的家长，突然发现自己孩子身上的一些特长时，很容易骄傲和炫耀，这样很容易让孩子骄傲并放弃努力，最后让自带的天赋彻底消失。因此，不要轻易地放大自己的天赋，在真正了解自己后，善于运用自己所拥有的长处，通过踏实努力取得闪耀的成就。

《老子》第九章中写道："持而盈之，不如其已。揣而锐之，不可长保。"[1]告诫人们做事做人把握好尺度，不要太满，否则恃才傲物，就会招致麻烦；谈吐不要犀利，才能让自己善良敦厚，过于尖锐都会伤害到别人，最终伤害自己。所以，在学习、工作、生活中能够克服好高骛远，脚踏实地一步一个脚印前行，相信你一定会收获丰富的经历和成功。

我的成长受到父亲的影响很大。我的父亲虽然文化程度不高，但是他有极强的毅力和学习力，身为家中的老大，父亲很早就担负

---

[1] 饶尚宽译注：《老子》，中华书局2016年版。

起家中的重担。在我很小的时候就跟在父母身边,童年就是在父亲单位里度过的,那时只知道我的父亲是一位帅气能干的厂长,父亲自然也是我心目中最敬佩的偶像,上学的时候因为父亲的身份,让我常在同学面前很有面子甚至还很自豪。那时候我就暗下决心:长大了我也要像父亲一样。在慢慢地成长中,我看见了父亲经历的失败、挫折和各种困境,让我由衷地敬佩父亲的坚强执着和不屈不挠的精神品格。也正是他的这种坚忍、真诚、正直、努力的精神,潜移默化地影响和培养了我,逐渐发现自己越来越像父亲。不论做什么事一定都要踏踏实实,从不会投机取巧,待人接物总是以诚相待,被朋友称为"缺心眼",思考过后我依然选择做个"缺心眼",不假思索地做最真实的自己,何乐而不为呢?每每回忆往事,都十分感恩我的父亲,感恩他给我万般疼爱的同时还给了我优秀的品质,让我在成长的路上收获了幸福和成功。所有的成功都不是随随便便得来的,而是一步一步踏实走出来的,只有这样你才能昂首阔步、满怀自信、受人尊重。

克服好高骛远,让脚下生根,步伐坚定,内心坦然地收获成功。

五、绽放,终有钟爱你的蝴蝶

"绽放,终有钟爱你的蝴蝶!"我很喜欢这句话。一天,女儿放学后跟我分享心理健康课上老师讲的案例。她说:"妈妈,今天心理健康老师在课堂上给我们分享了她朋友的孩子因为中考没有考上她心仪的高中,在家里自杀了!"我听到这里很感慨地说:"天哪,她怎么能这么脆弱呢?"我接着问道:"那你怎么看待这个问题?"她说:"我觉得这个姐姐的抗压能力太小了,任何人抗压力都不一样，就像弹簧……"她有理有据地给我讲着道理，我已经听出来一半的道理应该是老师课堂上讲给她们的，还有一半应该是她听后自己的一些想法和感受，我趁此时机赶紧和她分享了一些如何调整心态，如何缓解压力等一系列的问题，我们聊得很顺畅，也很入心，她也给我讲怎样调整好心态的一些方法。那一刻我很欣慰，欣慰我与女儿一直像朋友一样分享彼此的生活、学习和工作，也更欣慰11岁的她听到关于青少年自杀这样的案例后能够分析并能结合自己的状态，深刻地谈到压力和如何解压这样的问题。我告诉她每个人都要接纳自己，因为人和人本来就存在着差异，我们要清晰地了解自己，知道自己的方向和目标，在这个世界上没有最好的和最坏的，只有最适合自己的，当我们有了这样一个规划的时候，一切都会变得美好。

　　还记得我在一次模拟面试的课堂中，轮到一位男生进行自我介绍的时候，他站在讲台上一句话都不说，我在台下一遍遍催促，他还是不张口，于是我走到他跟前询问为什么不介绍时，他低着头左右躲我，五六分钟过去了，我也没有说服他，最后只好让他先回到座位。下课后他很自觉地留下来并跟我解释自己没有讲话的原因，他告诉我自己在公众面前根本就讲不出话来，因为一看到人或者一上讲台，他的喉咙就像被东西卡住了。听到他的解释后，我说上学的时候是不是成绩不好，他轻轻地点了点头；我说以前老师和爸爸妈妈爱批评你吗？他重重地点头！谈到这里根源已经找到了，这个孩子就是在自卑、责备和自责中长大的，自信已经与他绝缘，在公众面前他已经把自己假设成了一个无能、卑微甚至一无是处的差学生，这个标签贴得太深刻了。那一刻我心里隐隐作痛，一个一米八有余的帅小伙，就这样卑微地成长着，他没有自信的能量，所以在全程的交流中他的眼睛从不和老师有交集,他总是躲闪着不与我对视。接下来我告诉他曾经、昨天都已经是过去式,不管在那个时期发生过什么,我都希望你能忘记。只要你愿意,今天和未来一定是可期的,在大学里老师不会以考试分数的高低来衡量你优秀与否,学好自己的专业,提升自己的修养,培养礼貌的意识,未来你带着这样的素养去工作岗位,一定会是一位优秀的职员。看到他微微泛红的脸庞和一丝丝对我的信赖,我们做了约定:下节课站在台上只说自己的名字,他点头同意后并和我拉钩履行承诺。就这样每节课只加一句话,他终于说完了一个完整的自我介绍,每次他的登台我都会让同学们给予雷鸣般的掌声和鼓励。学期结束,他站在台上双腿依然会打哆嗦,但是可以自由表达了。让我最感动的是结课感言上他说:"感谢张老师让我突破了我自己一直以为我一生都不可以做到的事!"那一刻我眼眶微湿,看见了他脸上略带的自信光芒,内心无比欣慰。

两个故事都给了我急切想分享的冲动,真心希望每个人都能认识自己、了解自己和绽放自己。随着中国经济不断发展和家庭结构变化,现在技术工人成了一个紧缺的领域,中考分流政策出台后,家长们深深地陷入焦虑中,谁都不愿意让自己的孩子去上中职,甚至很多家长都说这么小就去学技术,出来当个工人多苦!培训补课成了每个孩子的日常生活,因为没有人想输在中考的选拔中。与其在焦虑中、在匆忙中让他们像机器人一样学习,还不如正确地分析他们适合什么,以及应该怎样用健康的方式培养和引导。眼里不能只有成绩这一件事,不要忘记还有让他们生活同样可以美好的其他道路。孩子从小品德的塑造也非常重要,长大后的他们是否会经营好自己的生活?是否能经营好人际关系?是否可以在成家立业后,干好工作的同时能够经营好自己的家庭?这是人生成长的必修课,我们在成年后缺失的教育只能在摸爬滚打中去摸索。所以,请放慢脚步先关注自己和身边的人是否健康、是否快乐,曾经的经历是否把心门锁上了。

获得幸福,绽放自己,终有爱你的蝴蝶!请用乐观的心态面对一切困难和挫折,用优雅的行为举止对待身边的人和事,用阳光的语言鼓励和帮助别人,用有礼的行为规范自己和影响他人。

修身锦囊

修身,践言,谓之善行。行修,言道,礼之质也。礼闻取于人,不闻取人;礼闻来学,不闻往教。

——《礼记·曲礼上》

这段话告诉我们,修养自我身心,实践自己的诺言,称为"善行"。举止行为要有修养,说出的话要有道理,这才是礼的本质。关于礼的知识,只听说过向人请教学习的,没听过要求别人请教学习的。礼,只听说愿意学的人来学习,没听说过教授礼仪的人追着别人去传授的。主动学习并能够践行礼仪,做一个有礼有节的中国人。

第七章
知行合一——点滴之中修德行

　　知行合一是明朝思想家王阳明先生提出来的，他认为"认识事物的道理与实行其事，是密不可分的"。知行合一的"知"不是"知道"，而是"良知"，是每个人内心的良知和对事物的认识，"行"主要指人的道德践履和实际行动。他认为"人的外在行为是受内在意识支配，由衷向善的人，才有外在自发的善行，所以说知行合一"。知行合一、致良知，是阳明文化的核心。①我们在日常的学习和生活中应该持有"知行合一"的态度，用躬行的力量去践行。2020年新冠疫情暴发，在这特殊的时期我们见证了各国的文化、见证了人性。这一年中国人更加团结了，中国青年的爱国情怀愈加强烈，我在课堂上与大学生朋友分享国际交往礼仪时，我们结合疫情查阅资料，让同学们了解各国的应对措施以及各国在支援中国和中国支援其他国家的情况时，同学们积极性极高，纷纷发表自己的看法和感受，从言语中听出了同学们的自豪之感和对国家的高度赞誉和热爱，中国以人为本、生命至上的原则不是流于表面的，而是将其真正地落到了实处，正因为这样的躬行而赢得了国人的信赖和归属。

---

　　①　"知行合一"概念，阐释出自《汉典》。

宋代黄晞在《聱隅子·生学篇》中写道:"生而不知学,与不生同;学而不知道,与不学同;知而不能行,与不知同。"意思是说:"人生在世,如果不知道学习,就如同没有出生一样;学习了而又不能领会其中的道理,就如同没学一样;领会了其中的道理而又不能实行,就如同没有领会道理一样。"人们常常探求真知的时候,有人选择脚踏实地一步一个脚印,有人总想找到捷径,少付出少花功夫。常言道:"条条大路通罗马。"求得真知的办法有很多,但不论是哪一种,哪怕是最简单、最取巧的求知之道,也不会在空想中去实现。思想的力量,只有行动才能真正地被实现。为学如此,处世亦如此。若想求得真知,就必须在"行"上下功夫,不能只说不做。这也是很多青年人容易出现的问题,理想很丰满,但是在行动上没有具体落实,典型的语言上的巨人,行动上的矮子。古人常讲:"博观而约取,厚积而薄发。"假如没有博观或者博闻,不管是谁我想也无处可取。伟大的人民教育家陶行知先生提出"行是知之始,知是行之成"的主张。"行知"之名也正代表了他的"行动—知识—再行动"的教育思想。我们通过观察、听闻获得知识,用眼、耳、手、脑等多个感官参与学习,最终实现闻、见、做的统一,才能达到理想的效果。

王阳明"知行合一"论的内涵就是告诉我们,知行只是一个功夫,不能割裂;知是行的基础,并指导"行"进行实践,真正的知不但能行,而且已在行了,知与行之间相互影响、相互依存。知行中"行"的根本目的,是要彻底克服"不善的念"而达于至善,是道德修养与实践的过程。①因此,在学习、工作、生活中,我们必须

---

① 吴光:《"知行合一"的内涵与现实意义》,载《光明日报》,2017年4月10日。

要有知行合一的境界和意识，不能有两张皮、做两种人，只是知道而不去践行。前面章节中谈到了行为礼仪、语言礼仪等，都应做到知行合一，这里我会从两个方面和大家探讨。首先要从社会交往中体现知行合一，若给自己一颗真诚而美好的内心，定会收获美好和成就；其次是知行合一的餐桌礼仪，餐桌上体现修养，能让人看出你的家教和门风。

一、知行合一的社交礼节

我们发现当今的年轻人越来越趋向于现实派，社交也成了服务于现代人的工具，人与人之间的关系有时也存在着微妙之感，缺乏以诚相待。那么，社交中应该保持知行合一的态度，面对交往对象多一些真诚，多一些宽容，多一些帮助，多一些尊重。

1. 礼貌恰当的称呼礼

称呼是人们在日常交往中相互使用的一种称谓语。人际关系亲疏程度不同往往称呼也略有不同，但恰当、正确地使用称呼，是一个人自身的教养和对他人尊重程度的一种体现。因此，在社会交往中与他人之间的关系无论亲疏，都要正确使用称呼，这样才能建立顺畅的交往基础。

如何正确称呼他人，也需要大家多多学习，注意场合和人际交往的关系，不要给自己在交往中因称呼不当而带来麻烦和尴尬。交往中大家可注意和遵循以下四个称呼的规则：第一，称呼要符合常规；第二，称呼要区分场合；第三，称呼要考虑双方关系的亲疏；第四，称呼要做到入乡随俗。此外，还有一些称呼中的禁忌也需要

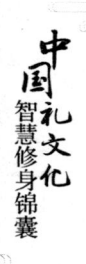

注意，例如：称呼长辈或上司不可以名或名+职位职称来称呼，要以对方的姓+职位或职称来称呼，否则就是非常不礼貌的行为。还有一些特殊行业的称呼也不可在日常交往中随便使用。

2. 谦恭真诚的鞠躬礼

中国素有"文明古国"之称，践行礼节不论是在生活中还是在工作中，都是一种敬意的表达，所以，在生活和工作中，主动积极地运用礼节，会给他人留下美好的第一印象。

鞠躬就是弯身行礼，是表示对他人敬重的一种较为隆重的礼节。这一礼节目前被广泛用于学校师生互相问好时、服务行业接待顾客时、政务场合的问候时。鞠躬礼目前也在中国、日本、韩国、朝鲜等国家被广泛地使用，尤其日本对鞠躬礼的使用是最为讲究和广泛的。通常情况下，身份地位低者向身份地位高者或晚辈见到长辈后要行鞠躬礼，以示对上司、长辈的敬意和问候。

鞠躬礼最早起源于中国的商代，被称为"鞠祭"，后来逐渐演变为一种见面所行的礼节，这一礼节表示对他人的尊敬，鞠躬礼早在我国春秋战国时就已被应用。《论语·乡党》中记载："入公门，鞠躬如也，如不容。立不中门，行不履阈。过位，色勃如也，足躩如也，其言似不足者。摄齐升堂，鞠躬如也，屏气似不息者。出，降一等，逞颜色，怡怡如也；没阶，趋进，翼如也；复其位，踧踖如也。"[①]这段文字记载了孔子上朝的礼仪，即使今天已经没有上朝这一制度，但是日常工作中的会议、与领导的沟通等都需要注意礼仪的细节。正如孔子的这些行为无不体现着恭敬、庄重和一丝

---

① 杨伯峻：《论语译注》，中华书局2012年版。

不苟。当他路过君位时的姿态也告诉我们，对待上级要严肃且讲究礼仪。工作中应当遵守必要的礼仪。比如当我们进入他人或上司办公室时一定要敲门，经过对方允许后方可进入。进入后要正面朝向领导并保持合适的距离，汇报工作清晰明了，不啰唆不草率……这些要求看起来似乎没什么，甚至有人会说不值一提，但是职场中很多年轻人就因为这些细节而给自己带来一些不良的影响。在日常的生活和工作中注意礼仪的细节，能够真正秉承孔子的礼仪精神。这些细微的外在行为要求，本质上体现着一种谨慎、庄重的礼制精神。

现在，鞠躬礼已被广泛使用，如政务场合、商务场合以及服务场合应用极为广泛。此外，颁奖、演讲、比赛、感谢、道歉等都用鞠躬礼来传递情感，它是情感的外在表达形式。

通常将鞠躬礼的度数分为15度、30度、45度和90度，不同度数表达的含义也是不同的，如15度鞠躬礼一般在如问候、介绍、握手等情况下可使用；30度鞠躬礼用于迎接或是问候时；45度鞠躬礼用于致谢或告别时；90度鞠躬礼表示深度致歉或答谢，属于最高的礼节。

3. 恰到好处的握手礼

握手礼早在远古时代就已出现，当时的人们以打猎为生，为了防卫他们手中常拿有石块或棍棒，当他们相遇后为了相互表达友好，他们会放下手中的武器，互碰一下手心，用这样的方式互相打招呼向对方表示他们手中没有武器，用友好之意表明想与对方成为朋友。这种碰面后打招呼的方式也一直延续下来，逐渐演变成了今天的握手礼，这一礼节也在全世界很多国家被广泛使用。因此，握

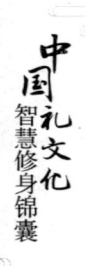

手礼在今天已经成为国际交往或人际交往中使用非常频繁的礼节，在使用中也有很多的讲究和细节。

（1）握手的顺序

握手的顺序遵循以下原则："长者先，主人先，上司先，女士先。"握手时通常都是身份地位高者先伸手，晚辈或身份地位低者后伸手，不要着急去伸手和长辈、上司主动去握手，否则就是失礼行为。

（2）身体姿势

在与他人握手时，不论自己身份地位有多高，都应该起身站立去行握手礼，这样既是对他人的尊重也是自身修养的体现。同时，在握手时应行15度欠身礼，这样会显得更加真诚和谦逊。

（3）手势

握手时一定要用右手，不可使用左手与他人握手，因为在国际上这是约定俗成的。此外，握手时手掌应与地面垂直，这样的握手姿势能够表达真诚和友好。注意不要将手心向下或向上，如果有这样的习惯你可以进行自我观察并进行调整，因为握手的手势也会反映出一个人的性格特征，通过这些细节可洞察对方。

（4）时间

握手的时间要把握好，通常如果是工作关系，二人的握手时间不宜过长，3—4秒上下晃动2—3次即可。当然时间也不能太短，蜻蜓点水般的握手，会给人一种不够热情的感觉。把握好时间也会给初次的交往助力添彩。

（5）力度

握手的力度往往可以反映出一个人的处事和性格特点。握手时如果力度太大，会给人一种强势霸道、鲁莽冲动的感觉；握手力度太小会给人一种不够热情、谨慎内敛之感。因此，握手力度适中，让对方在我手中不仅能够感受到得体的礼节，同时也能够感受到真诚和温暖的情感。

（6）神态

握手时一定要有真诚的微笑和真诚的目光，这样才能够让问候的气氛更加融洽，使握手礼能够为问候锦上添花。如果在握手的过程中，眼神不看对方或面无表情，这会让接下来的交流产生很大的障碍，这样的神态会给对方带来不好的感受，甚至会有一种不够尊重对方的感觉。

（7）握手的禁忌

◎忌交叉握手；

◎忌出手太慢；

◎忌在对方无意的情况下强行与其握手；

◎忌戴手套或手脏时与他人握手。

4. 有礼有节的介绍礼

随着人们交往范围的日益广泛，尤其初次见面，双方一定要进行介绍。无论是介绍自己还是介绍他人，得体清晰的介绍会给对方留下美好的第一印象。因此，人们常常把介绍称为交际之桥，能够快速化解尴尬和陌生，让人们互相了解和相识。

（1）自我介绍

一个清晰流利、与众不同的自我介绍，往往会让你在众多人中脱颖而出，尤其是初次见面时的介绍，不仅可以让对方快速记住你，还有助于进行自我的展示和表现。因此，在人际交往中进行自我介绍的时候，一定要注意语言措辞、仪态举止等，不要给初次见面的印象分大打折扣。以下是做自我介绍时需要注意的几个问题：

①选择恰当的时机

在初次与他人或在集体中进行交往时，一定要进行自我介绍。如应试求学时、在交往中与不相识者相处时、初次打电话时、求职时、自我推荐或宣传时，都应将自己的基本信息向对方进行介绍。

②讲究态度

在进行自我介绍时体态要保持自信大方且彬彬有礼，这样在第一印象中给自己加分。介绍的态度要自然、大方、亲切、友善，语言流利、语速适中、语音清晰。尤其让对方能够感受到介绍人较高的修养，切勿因为紧张而胆怯和极度不自信，尤其是在面试或重要场合，一定要做好充分的准备。

③时间的把握

自我介绍时要尽量做到语言简洁，干练利索，不要复杂啰唆，时间最好控制在两分钟以内。否则说得过多不仅显得缺乏层次和逻辑，而且交往对象也未必能记住。当然随着社会的不断发展和进步，在做自我介绍时，我们在时间有限的情况下还可利用名片、微信电子名片等多种方式向他人介绍自己。

④介绍的内容

自我介绍的内容要简洁明了，不能啰唆、冗长，能够让对方在有限的时间清晰了解你的基本信息。如：你是谁？在哪里？在做什么？这些基本信息非常重要，在这三点基础之上根据自己所处的场合再进行补充即可，当然自我介绍一定不是千篇一律，要根据场合和交往对象来调整介绍的内容。

⑤自我介绍的仪态

进行自我介绍先行30度鞠躬礼，建议男士行完鞠躬礼后采用分立式站姿，介绍完毕后再次行45度鞠躬礼，注意要面带微笑，站立时要求按标准的站立姿态站立。

（2）他人介绍

他人介绍通常是作为第三方将相互不相识的人进行引荐和介绍。因此，作为介绍人要能熟悉掌握双方的信息，介绍过程中要准确、真实，不能出现错误或者过于夸大对方的头衔或成就等。对他人做介绍时也有很多礼仪方面的规则，不要在介绍时出现错误或失礼的情况。

在进行他人介绍时，介绍的顺序是非常关键的。很多人都会在顺序上出错，你只需要记住他人介绍时的一个原则——"尊者有优先知情权"。这个原则记住了，顺序就不会出错。所以，在介绍前首先要明确双方地位的高低，再进行介绍。介绍时的顺序大致有以下几种情况：

◎先主后客；

◎先幼后长；

◎先下级后上级；

◎先男士后女士。

（3）介绍人的神态与手势

在介绍他人时介绍人的态度要做到友好热情，介绍时能够面带微笑，使用介绍手势，指向被介绍者，并简明清晰地进行介绍，在介绍时介绍人要注意语言、手势、动作等都不能太随意，比如不能用手指指向被介绍者或者拍打对方等一些无礼的行为和举止。

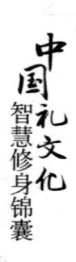

5. 温暖清晰的电话礼

电话已经成为现代生活中人人必备的通信工具。在日常生活、工作中使用非常频繁，因此使用电话时要尽可能地注意和讲究接打电话的基本礼仪。例如公共场合的电话铃声就能凸显一个人是否具有公共场所的基本道德素养，通过接打电话的音量大小可以看出一个人是否有利他之心。打电话在当下虽说是一件再普通不过的事，但通过接打电话的态度，我们也可以粗略判断出对方的人品和修养。

（1）亲切的问候

当我们打通电话的一瞬间，就能听到对方亲切、优美的问候声，相信你的内心一定会感到愉悦，接下来的沟通定能顺利开展，因此也能产生较好的印象。不论是接听电话还是拨打电话，都要养成良好的礼貌习惯，这样才不会在职场中因态度问题而失仪。因此，在接打电话的时候，一定要有形象意识。

（2）喜悦的心情

接打电话时要保持良好的心情，尽管是通过互联网与他人进行沟通交流，我们不能直接看到对方，但是从积极的声音语气当中能够被感染，从而给对方留下良好的印象。因为人在讲话的时候面部的表情会影响到声音的变化，如情绪不好的时候，通常面部表情会向下耷拉，这时候所传递出来的声音也是比较消极和低沉的。有时我们打电话进行咨询或问询的时候，态度的好坏就表现得非常清晰，通过语气、语调可以清晰感知对方服务的态度。因此，电波中也依然能清晰地传递人的真情实感。

（3）清晰的声音

清晰明朗的声音，在电话沟通中是非常重要的。如果声音不清晰，会直接影响到通话的质量和沟通的效果。打电话的时候，身体姿态也会对声音产生影响，如果躺着打电话，对方听到的声音一定是比较懒散和无精打采的；如果在拨打电话前能够注意细节，保持正确的姿态，对方听到的声音一定是亲切温暖、充满活力的。因此，打电话的时候，要像现场和他人沟通一样，不管是着装、仪态或场地都需要注意。

（4）时间的把握

打电话时，一定要选好时间段，通常早晨9：00—11：00，下午15：00—17：00，晚上19：00—20：00为宜。最好不要在休息、用餐或节假日打扰对方。

6. 可圈可点的微信礼

微信目前已经成为大众社交工具，朋友圈的更新、视频号的运营，都在展示着每个人的生活、状态、心情等。因此，在使用微信的时候要注意自己形象，不做朋友圈的霸主，整天一日三餐、所有行踪、鸡毛蒜皮时时更新和发布，这样会让你显得很肤浅，而且过多地将自己的生活暴露的时候，仁者见仁，智者见智，每个人可能对你的看法和评价也会不同。有人或许认为你很无聊，也有人会认为你在炫耀……因此，不做微信朋友圈发布达人，适度使用，不在朋友圈里造成信息堆积。此外，不做朋友圈的愤青和喷子，遇到一点不开心就会在朋友圈里散播负面情绪，殊不知很多人会收到这一负能量的电波，利用公共资源造成对他人的干扰。因此，就事论事，不要把不满放在人人可见的网络平台，这样会拉低自己的个人修养和素质。

二、知行合一的餐桌之礼

餐桌礼仪是最能判断一个人的家教和门风，在餐桌上一举一动无不体现着一个人的学识和修养，无论是餐具的使用还是夹取食物的动作都暗藏着大大的学问。因此，餐桌礼仪不可小觑，尤其在社交中尽可能地做到得体且礼貌。

1. 儒雅丰富的中餐礼

中餐文化可谓是历史悠久、源远流长，在这自古为礼仪之邦，讲究民以食为天的国度里，饮食礼仪自然也就成了饮食文化中的一个重要的组成部分。中国的"饮宴礼仪"据载始于周公，经过两千多年的演进，虽没有梁鸿和孟光举案齐眉那样的日子，但也形成了一套完整的饮食礼仪。饮食礼仪也因宴席的对象不同、区域不同、目的不同而千差万别，在餐桌上你的行为也是别人判断你的家教和门风的主要因素。因此，你的家庭教养怎么样，通过你的吃相以及餐桌上的行为，别人可以解读得非常清楚。随着中西饮食文化的不断交流和融合，中餐也越来越受到外国人的青睐和喜欢。中餐的用餐礼仪也非常讲究，同时也由于文化背景的差异，中餐礼仪和西餐礼仪有着很大的区别。

（1）座次礼

从古至今，在中餐礼仪当中座次是非常讲究和重要的。不论是家庭餐桌上的长幼次序还是社交场合中的职位高低次序，都是非常讲究的。可是现在很多家庭在用餐的时候都把孩子放在主座上，而长辈都坐在旁边围着孩子而坐，饭菜上来第一口都给孩子们吃，时间久了，家庭中成员所处地位一定会发生变化，孩子就成了家中的老大，什么都得听他的，不接受家长的教育，领出门参加聚会，饭菜上来大家都没动筷子，他第一个开始夹菜吃。这时候家长会觉得很尴尬甚至很丢脸，重新调整并教育孩子的时候，他是很难接受的，并不明白自己错在哪里了，甚至会觉得在家里吃饭时第一口不都是我吃吗？也没人说过这是错的啊！这时家长开始着急该怎么去教育。我想说这就是在家庭中没有长幼次序感造成的后果。因此，你也回忆一下在家中你是坐在哪里的，有没有坐错位置。

传统的中式就餐通常是以圆桌或者八仙桌为主，这是我们的老祖宗留下来的规矩，那么自然座位的顺序也是非常讲究的，随着桌具的不断演进，座次顺序也相应地发生了一些变化。但总的来说，在中国座次以"尚左尊东""面朝大门为尊"为原则。但在国际交往中，中餐的席位排序通常按照职务和身份的高低来排列，通常主客坐在主人的右手边，如果主客双方有携夫人出席，一般会将女士安排坐在一起。如果在宴请中主宾身份高于主人，通常为了表示对主宾的尊重，可以安排主宾坐在主人位上，主人坐在主宾的位上。

主人位的确定通常有以下几个判断方式，但也要因地制宜，根据现场的实际情况来判断：第一，参照物为门，面门为上，通常主人位是以门来判断；第二，看是否有背景墙和电视机，如果有背景墙和电视机，那么主人位就应该是面向电视的正前方；第三，看桌上的口布花，通常主位上的口布花都略高于其他座位的口布花。通过以上三种方式，你就可以简单地判断出主位了。当然，我前面讲到要因地制宜，根据现场实际情况来定。关于座次和桌次排列会略显复杂，因为场合不同、角色不同、身份不同，座位的次序也不尽相同。因此，大家在日常中可多了解，也在实践中灵活运用。

（2）餐具的使用

中餐餐具的使用是非常讲究的，中餐的餐具中最具有特色并不同于西餐的主要是筷子，在中国几千年的饮食文化中，筷子的使用也有很多的讲究和禁忌。

首先要学会正确的握筷姿势，标准的握筷姿势是在筷子的中间位置，过高或过低握筷都是不规范的。记得小时候家里的长辈看到女孩子握筷握得高，就会说以后嫁得远，握得低就认为嫁得近。当然这也是过去人们一种打趣的说法。每个人在学习使用筷子的时候，都会存在不同的差别。

其次，是使用筷子的忌讳，我们最熟悉的一点就是不能用筷子敲打桌边、碗盏或杯子。过去经济水平低，比较落后，人们吃饱肚子都是问题。因此，在吃饭时用筷子敲打碗或者桌子，都被认为是不吉利，我们可能都听长辈说，越敲越穷。所以，在我的印象中我们家有谁敲碗就会遭到很严厉的批评。此外，在夹菜的时候不要用筷子在盘子里翻来翻去或用筷子直接扎取食物；如果和别人同时夹菜，一定要注意避让对方，避免出现"筷子打架"。在用餐过程中如果要进行交谈，不要把筷子拿在手里，指指点点，会给人一种极不舒服的感觉，通常人们把这称为"仙人指路"。如果要帮别人夹菜，一定要用公筷夹取；用餐结束后，将筷子整齐地放置好。

（3）进餐礼仪

在宴请的场合，通常主人先要致祝酒词，然后才开始正式就餐。这时要注意不要与旁边的人交谈，也不要开始吃东西，要认真地倾听主人的致辞。待主人致辞完毕后，宣布开始今天的餐叙即可进餐。用餐的时候要注意餐桌上的举止行为，如：咀嚼食物时，不可发出声响，尤其西北人爱吃面食，很多男士在吃面的时候喜欢用嘴巴吸溜着吃，发出很大的声音；同时口中有食物时不要讲话，很多人习惯边说边吃，这样容易将口中的食物掉出或溅到菜盘里，这样都是很不雅的行为；如果食物太烫时，不要着急吃或用嘴发出很大的声音去吹。吃鱼或有骨头的食物，不要直接把鱼刺、骨头等残食吐出，用餐巾掩嘴或用筷子取出并放在盘子里。

如果要使用牙签，也要注意一些细节。用餐完毕后不要当众用牙签或手指剔牙，如果有异物在牙齿中，可以去洗手间进行处理。在餐桌上必须使用牙签时，最好用手或纸巾掩住再轻轻剔牙，尽可能不要在餐桌上表现出不雅观的举止。

2. 优雅浪漫的西餐礼

一提到西餐，我们可能就会联想到烛光、钢琴、红酒、牛扒、甜点和醇香的咖啡等。我们热爱中餐食物的色、香、味，热爱西餐浪漫的感觉。由此，从餐饮文化中可以看出中西方文化的差异，比如中国人喜欢热闹，在中餐中人们更注重人际的交流，借助饭菜来联络感情等，而西餐中人们更注重对美食的享受和心情的放松。所以，西餐从着装、入座、点餐到用餐程序都非常讲究。

在去西餐厅用餐时，需要注意的礼仪细节比较多，不论是酒店的预约还是着装的一些细节，都是非常重要的。西餐用餐前首先是进行酒店的预约。西方在酒店用餐前是需要事先预约的，在预约酒店的时候，要在几点用餐一定要说清楚，还要提前告知清楚具体的人数和时间，如有其他要求也需提前进行说明。一定要在预定的时间内到达，这是基本的礼貌。到达餐厅后要先向服务生告知预约的信息，这时会有服务人员领位，不可自己径直走进餐厅四处寻找座位，这一点是与中餐不同的，需要格外注意。

其次是就餐时的着装。西餐对着装要求比较高，穿着要整洁得体不能太随意。因为在欧美人的眼里去餐厅用餐时，得体的穿着是基本的常识。如果是去高档餐厅用餐时，男士着装要正式且整洁，女士要穿裙装或略正式一点的服装。如果特别指定要穿正装的话，男士必须着西服打领带，女士必须穿裙装。注意过于休闲的服装一定不能穿，因为餐厅会因为不规范的着装而拒绝你入内，哪怕是很贵也是不可以的。

再次是入座的礼仪。通常从椅子左侧入座，领位会帮客人拉开椅子，身体靠近桌子并站直，领位把椅子推进来后方可坐下。整个用餐过程中，坐姿要保持挺拔，身体和桌子大约保持一个拳头的距离。

最后是座次的安排。西餐中的座次安排和中餐有很大的差别。西餐的餐桌一般都使用的是长桌，在西方遵循女士优先。所以在西餐席次上，主人位通常是女主人，主宾坐在女主人右侧，男女交叉排列，生人与熟人交叉排列，这与中餐座次有着较大的差别。

（1）西餐的上菜顺序

西餐的上菜顺序和中餐有很大的不同。如汤在中餐的餐桌上是用餐结束的象征；而西餐恰好相反，汤是开场的主打。同时由于饮食文化和习惯的不同，中西餐不论是烹调还是种类上都大不相同。此外，西餐有正餐与便餐之分，菜序二者是有很大差异的。西餐的正餐尤其是较为正规的正餐，菜序不仅复杂多样，而且也十分讲究。

西餐正餐开始前，会上开胃菜。在西餐的正餐里，开胃菜有时不列入正式的菜序中，只是正餐开始前的一个"前奏"，主要由蔬菜、水果、肉食、海鲜等组成的拼盘，以各种调味汁凉拌而成。

第一道菜就是汤，它正式拉开了西餐的序幕，在西餐中汤也被视为是非常重要的一道菜，美味营养，备受餐饮者的喜爱。

第二道菜是主菜。主菜是西餐中的核心，西餐里的主菜通常有冷有热，但多数都是以热菜和肉为主的，例如：牛排、鸡排等。

主菜之后就是甜品，西餐中甜品也是非常重要的一道菜，有人说西餐中的甜点就像听完一场音乐会后，演员都要上台谢幕的感觉。所以，甜品在正餐上是必上的一道例菜。

最后是餐后的热饮，以此作为整个西餐的"结束曲"。主要是以红茶或者不加任何东西的黑咖啡为主。当然一定要注意这两种热饮只选一款，不可两种同时享用。这也是一种就餐习惯，同时也是餐后继续享受的一段时光。

（2）西餐餐具的使用

西餐餐具之中主要以刀、叉、匙为主。通常刀叉并用时，右手持刀，左手持叉，叉齿向下叉取食物。使用刀叉就餐时，要注意以下几点：

①切割食物时，不宜发出太大声音；

②切割食物时，先从左侧开始，从左而右切割；

③切割食物时，双肘下沉，前后轻轻移动，不要左右开弓，把肘部抬得太高。

不用餐的时候，刀叉的摆放也是有讲究的，因为刀叉摆放的形式代表的意义不同。如果将刀刃朝内、叉齿朝下，呈"八"字形状摆在餐盘之上，代表还要继续用餐。如果将刀叉并排横放在餐盘上或者刀叉交叉放在餐盘上，代表用餐已经结束，侍者可以将餐具撤走。

汤匙的正确使用方法：喝汤时，用右手拇指与食指持汤匙匙柄，自内向外舀取汤，注意不可发出太大声音。还有一个小匙是用来调饮料的，例如咖啡或红茶等用于搅拌，用完后要从杯中取出来，放到托盘里，千万不能用小匙来喝。

（3）餐巾的使用

餐巾在西餐里除了防护、擦拭的作用以外，还具有暗示的作用。首先，按照西餐的惯例，在西餐的宴请中，客人都要向女主人看齐，当女主人打开餐巾并为自己铺上时，说明正式用餐开始。在用餐过程中如果需要暂时离开，可以将餐巾放在自己座椅的扶手上，说明你还要回来，还没有结束用餐。如果将餐巾放在桌子上，就说明用餐已经结束。

在中西文化交流不断深入和频繁的今天，西餐礼仪也是现代人必须了解和掌握的一项基本素养，掌握不同的用餐礼仪在社交中才能够游刃有余，避免一些不必要的尴尬。

在生活点滴之中让自己培养知行合一的态度，从小事做起，从身边的点滴做起。能够将所学的知识融会贯通并能在实践中运用，不负努力，不负成长，不负美好的年华！

修身锦囊

博闻强识而让,敦善行而不怠,谓之君子。君子不尽人之欢,不竭人之忠,以全交也。

——《礼记·曲礼上》

这段话告诉我们君子的优秀品格就是有广博的见闻、谦让和强大的记忆力,经常能去做好事而且从不懈怠。君子从来不会强求别人全心地去喜欢自己,也不要求别人为自己全力尽忠,能够让交情完美地保持下去。正如"君子之交淡如水",在成长修行的道路上修炼君子品格,博学向上,谦恭有礼。

第八章
明礼修身——做心境无瑕之人

一、悦纳随顺

《身心合一的奇迹力量》中有这样一句话："我们要做的第一件事，就是不要再进行自我评价。"① 而真正地成长和爱自己，也正是从接纳开始的。在接纳的基础上，去做自己想做的事。每个人都是独一无二的，我们要学会悦纳自己。我们经常会被社会用"优秀"来界定，怎样就是优秀的？通常的指标是：第一，听话。父母、老师说什么就是什么，从来不会反驳，通俗讲就是不犟嘴。第二，学霸。各科成绩都名列前茅，甚至经常考满分。第三，全能。不光学习好，才艺也突出，拥有绝对的实力。优秀的标准被这样界定后，稍有不达标就被挤下了优秀的赛道，因此，自卑心理伴随太多的孩子长大，因为被所谓的"不优秀"贴上了标签，没人鼓励这一群体的孩子，反而批评声、反向的刺激声统统都会出现，让他们活得自卑和胆怯，永远给自己定位"我不行"！那最后是否真的达到了我们每个人的心理预期呢？

---

① 提摩西·加尔韦：《身心合一的奇迹力量》，华夏出版社2013年版，第69页。

"自我观察≠自我攻击"，每个人都拥有选择的权利，有人选择得过且过的人生，这也没有问题，只要你愿意，你选择，你承担。无论选择什么，你知道自己在做什么，并为此负责，这就是答案。不一定只有日日精进才是"好"，慵懒无为就是"不好"。当你内在没有二元评判和对立分裂的时候，任何状态都是好的状态，都是正确的状态。而你对当下的接纳，和你能活在当下的能力，才是对人生最好的滋养，但前提是你要为你的选择负责。

如果选择了不愿意去为所谓的美好人生努力，能够满足现有的生活抑或是能够接纳不够优秀的自己，内心没有压力和负担，当然也是没有问题的；如果既不选择努力同时又因为不够优秀而感到痛苦，那就不是"悦纳随顺"了，你就需要调整和改变自己的状态。

过去做任何事情都会担心失败，人都是恐惧失败的心理，后来发现在恐惧面前非常消耗自己，因担心失败而不断地内耗，与其担心失败不如尝试精进自己，在精进自己的同时可以不断地提升自己的能力，让自己能够胸有成竹，当发现这个规律后就不再那么强求自己，正顺应了那句"失败是成功之母"，其实不是失败次数多而最后成功了，而是改变了心态，能够接纳自己的不成功和不完美。

生活中我们总是看见别人的闪光点，总是羡慕别人的生活和状态，殊不知每一个光鲜亮丽的背后都有各自的一地鸡毛，没有谁只有诗和远方而没有烦恼的，我想除非是机器人，一个正常的人一定是喜怒哀乐都具备的，与其站在一边酸溜溜地羡慕别人，不如用心经营自己的日子，让诗、远方和一地鸡毛同在。

我经常在培训中会遇到学员一脸羡慕地问我："张老师您是怎么做到把工作和家庭都协调得那么好的？"甚至有时候还会碰到一些学员眼里含泪觉得现今女性实在不易，既要工作又要协调家庭，工作中的压力一点不亚于男同事，回家后孩子的养育、家务统统都是自己的，在每次的交流中我也深感现代女性的不易和满满的压力，因为我感同身受。作为职业女性，工作一样没有落下，回家后要负责孩子的吃穿、学习以及全心陪伴，现实中我的状态就是工作和家庭，社交基本利用中午，假期带上孩子奔赴远方……所以，我不留痕迹地让大家只看到了我的远方，那一地鸡毛只有自己知道。

我们面对生活带给我们压力的时候，我的法宝就是提高效率，利用一切可以利用的时间，不要让每一分每一秒都无辜浪费。例如，我做饭只需要20—30分钟，因为我可以统筹安排顺序，进行同步推进，前提是大脑里的流程要十分清晰，流程清晰了做起来自然就非常高效。就像很多孩子学习效率非常低，看起来好像很用功，每门课都报了辅导班，但成绩总是不尽如人意。问题的根本就是这个孩子压根就没有掌握高效学习的方法，或者是他们就从来没有思考过我要怎样去学习，以至于对待学习这件事是盲目的，按照家长、老师的安排去机械地学习，成绩提不高自然也是正常。这一点我在陪伴女儿成长中感触颇深，我常常会不厌其烦地告诉她，不管是学习还是生活技能的习得，一定要学会主动思考，再去完成，必然事半功倍，也真心地希望有一天她可以真正领会。

此外，关于社交方面，我利用中午女儿去托管中心的时间完成与朋友的邀约，兼顾与朋友的联络，我不会因为全身心地为家庭付出而逐渐和朋友疏离，适时地和朋友的交流在维护深厚友谊的同时还会缓解压力；出差途中计划好时间完成手头的工作，不让旅途显得那么浪费，往返途中完成要紧的工作，瞬间觉得身心清爽，你会发现没有拖延也自然就没了压力和焦虑。学会高效利用时间，解决了所有的问题。你的条理性、高效性、及时性都会让一地鸡毛也可以化为乌有。

我去青城山旅游，预订了网红民宿"坐忘森林"，到达目的地后宁静让人陶醉到窒息。潺潺的流水、清新的森林之味、丝丝的蝉鸣、丰富的负氧离子，惊艳了所有的感官。管家儒雅的气质让你那一刻真觉得自己远离了喧嚣的红尘，在这片森林忘记了所有的烦恼。尽情享受迎面扑来的淡淡清香，坐在廊亭中静心书写心绪。当下只有自己与自然，似乎是那久别重逢的好友。赏绵绵细雨，听水花溅起的声音，似乎找到了那个久违的自己……心中豁然开朗，发生过的一切不快那一刻全部释怀。有时一定要给自己身心放一次长假，去大自然寻找人生的平衡点，悦纳自己，悦纳他人，悦纳万物，一切便随顺！

二、喜悦常伴

《吴子·图国》中记载"成汤讨桀而夏民喜悦"，故喜悦代表开心、快乐、愉悦的情绪，当人的情绪时常处在愉悦之中时，可以让体内分泌更多的多巴胺，进而产生幸福之感。常言道"性格决定命运"，我们都知道人有不同的气质类型，有不同的性格特点，它们可以互相影响。气质具有先天性，属于与生俱来的，后天很难改变，具有稳定性。性格则是后天形成的，具有很强的可塑性，具有可变性。人在社会交往中所表现出的行为特征、言语习惯、社交特点都是他人进行评价的依据，甚至人们直接会因为这些因素来判定你的性格的好坏。因此，气质类型没有好坏，但是性格有好坏之分。

3岁上幼儿园就开始了最初的社会交往，我们会发现有些小孩很受老师和其他小朋友的欢迎，什么样的孩子会这么受人欢迎呢？不难发现往往是性格好的小朋友，怎样的性格算是好性格？经过综合评判和分析一定是那些爱笑、心胸宽广、遇事不计较、谁都能接纳的……应该还有很多。具有这些特点的孩子就会被定义具有好性格，他们在成长中会收获友谊、收获好运、收获喜爱。很多人会说我就这样的性格无法改变了，一个人如果不能够自知和进行自我反省，那么他永远不会改变自己的，性格只能会越来越坏，坏的性格带来坏的情绪，这样的恶性循环，只会让自己的人生一团糟。

喜悦常伴，如果时常能保持这样的状态或心境，相信你会发生变化并开始决定改变自己的，每天睁开眼睛都能让嘴角上扬，遇到困难挫折都能勇敢乐观积极地应对，遇到不公平的时候能够用美食或运动开解自己，在这样的成长中心胸会越来越豁达，人生之路会越来越宽广。俗话说"人逢喜事精神爽"，当人们遇到高兴的事时就会精神焕发，中医认为适度的"喜"可使人的气血畅通，肌肉放松，消除疲劳。因此，适度的喜悦不但可以有助于健康，还可以让整个人看起来更加富有活力。

1. 喜悦与情绪

我们都知道人的健康和情绪密不可分，很多时候生病都是因为长期压抑的各种情绪而破坏身体器官或是免疫系统。1872年达尔文就提出了"面部反馈响应假设，假设面部表情的改变也会使情绪体验发生转变"。心理学研究证实了达尔文的假设，表情不只是被心情决定，也反过来影响心情。隔壁邻居爷爷86岁，得知老两口是独居老人，心里便多了份关怀。有时我会让女儿去送点吃的给他们，爷爷总会礼节性地给女儿回赠点礼物。一次，在电梯里他告诉我：

"很喜欢芯言小朋友,她很阳光。"他给孩子准备了儿童节的礼物,并嘱托我让小朋友去他家里取,放学后女儿带回了一个非常精致的小本子,里面夹了一张写满了祝福的小纸条。女儿非常感慨地说:"邻居爷爷好有心呀!"正如王阳明所言:"此心光明,亦复何言。""吾心自有光明月,千古团圆永无缺。"一个人的心若是光明的,还会担心世界不明媚吗?内心充满喜乐,何尝不是一场修行?许是女儿爱笑与邻居结缘,让她尽自己所能去帮助周围需要帮助的人,让孩子学会助人,懂得担当和责任,点点滴滴中学会善良。

常常微笑的人定会拥有喜乐状态,人常保持喜乐自然会拥有健康。比如:人的情绪与身体的各个器官都相互对应,一个易怒的人肝脏一定不好,经常会出现情绪不稳定、心烦意乱等现象,因为怒伤肝;一个长期压抑自己、思虑过重的人脾胃一定不好,会出现食无味或厌食等情况,因为思伤脾;一个悲观消极且忧郁的人肺会不好,容易出现声音嘶哑或呼吸不畅等现象,因为悲伤肺;如果一个人长期受到惊吓肾就会受到影响,就会出现心神不宁等现象,因为恐惧伤肾。由此可见,负面的情绪会给身体的健康带来很大的影响。做一个常怀喜乐之人,告别负面情绪,做好情绪的管理和控制,拥有喜乐和健康,就从微笑开始吧。

2. 喜悦与健康

喜悦与健康有着密不可分的关系,甚至有人说喜悦可以让人们延长寿命。韦恩州立大学曾经做过一项研究,他们从1952年的赛季开始测算棒球运动的笑容特写,根据追踪调查发现笑得最灿烂的那些运动员平均寿命为79.9岁,比美国的平均寿命延长了2年。抓拍到的特写中没有一丝笑容的人平均寿命为72.9岁,从数据中可以看出,不爱笑的那些运动员的寿命比笑得灿烂的运动员少活了7年。因此,我们可以发现经常微笑对身体健康有很大的益处,好心情不但能强化免疫系统,还能影响人的身体健康。同时,研究还发现微笑还能促进脑部血清素的神经递质分泌,当脑部分泌血清素就会消除烦躁、不安、愤怒等一些负面情绪,使体内产生愉悦、快乐之感。此外,还有数据证明微笑能够降低人体的炎症水平、缓解疼痛、扩张血管、提高脑供血、降低血压等。总之,乐观一定是良药的辅助剂。我们再去反观那些长期不爱笑的人,你会发现他们突出的特点是面色发黑或者发青,长期的不良情绪会让肝气郁结,通过面色就可以观察出一个人的心境及脾性。由此可见,常常微笑可以给你带来健康的生命,这是对自己最低成本的投资。

3. 喜悦与馈赠

我们都知道情绪可以传递,也可以感染和影响周围的人。因此,我常认为你的喜悦就是给他人最好的礼物。特蕾莎修女曾说:"你每次对别人笑都是礼物,是美好的东西。"喜悦于己于人都是一件极珍贵的礼物,我们不要吝啬,也不要将自己的喜悦无辜浪费,因为它还有益于我们身心的健康。曾经惠普做过一项研究,发现当人们看见别人的微笑时,心脏和大脑就会产生兴奋和愉悦之感,甚至这种刺激胜过吃巧克力或收到钱,尤其是看到小孩的笑容的刺激会更为明显。经常微笑的人,看起来更加有亲和力,人们也往往更喜欢与这样的人打交道。因此,爱笑的人会更容易获得他人的喜欢、信赖和交往。"Orbit Complete"做过一项研究,发现70%的人认为女性笑起来的时候比化一个精美的妆容更富有魅力。由此可见，微笑是人人都不排斥的一种能量和表情，若想要成为一名受人喜爱和欢迎的人，在人际交往中，不要吝啬你的微笑，用微笑打开社交之门，内心里多一些温暖，多一些大度，多一些阳光，及时分享给周围的人，不要吝啬，大度地将微笑向周围的人进行馈赠，让自己收获更多的美好和精神的养料，因为微笑是打开和谐人际关系的第一张名片。

冰心曾说："一样的笑靥，一样的眼神，也会使人想起一幅欧洲名画。"微笑是一种真诚的情绪表达，所有人都需要并且享受它带来的尊重。据说微笑是唯一能在90多米之外可以让对方识别出来的表情。当一张笑脸被人们的目光捕捉到的时候，大脑便会自动去模仿这种表情，随后面部肌肉就会不自主地做出相似的表情。同时，这一信息还可以被大脑加工利用来判断人们当下的情绪。岁月不论在何时，都不要忘记让自己养成嘴角上扬的习惯；生活不论经历了什么，都不要忘记带上那如阳光一般的微笑，相信它的力量，让自己可以过得灿烂、阳光和温暖。

三、致虚守静

《道德经》第十六章中讲道："致虚极，守静笃。万物并作，吾以观其复。"这段话的意思是说："能够让自己的心灵保持虚和静的至极笃定状态，不受外界任何影响，万事万物并行发生时，我们能用这种心态观察事物循环往复的规律。"这是老子告诉世人求道的方法。他所说的"静"指的是一种境界，一种能够让人克服浮躁和外界纷扰的一种能力。如果一个人内心不能获得"静"，又何谈从容淡定地读书学习？就是一点小事也做不成。当心情烦躁时，你可能什么事也做不了，甚至还会影响到睡眠和身体的健康状态。俗话说"心静自然凉"，由此可见心中的平静可以抚平外在的躁动。因此，性情急躁、粗心大意的人，很容易在自己的学习、工作中失去机会甚至会成为成功的绊脚石，而心情安静平和的人，由于心思缜密、淡定从容而更容易取得成功。

"静"是克制怒气的法宝。据科学研究表明，人在生气的时候，身体会产生大量的毒素，长期生气会对人体的健康埋下隐患。前面谈到每个人都有不同的气质类型，例如胆汁质和抑郁质的人容易生气，胆汁质容易暴躁，抑郁质容易生闷气。有句话说愤怒就是拿别人的错误来惩罚自己。这个道理似乎很多人都明白，但是人们依旧会因某些事大动肝火，这是因为人们难以做到"守静"。因此，在生活中我们要不断地改变和提醒自己，尽可能保持平静，能够控制自己的情绪，不要轻易动怒，能够控制好自己情绪的人，会拥有很高的修养境界。

自新冠疫情暴发以来，我们每个人都或多或少心存不安和焦躁，当下的社会环境变化多端，大学生毕业面临就业压力和人生选择，面对不够稳定的社会环境，很难做到"守静"。因此，摆在大家面前的挑战需要我们用当下时代的特点去攻克，比如：提升创新创造能力、提升市场竞争能力、提高环境适应能力等。从过去的舒适圈走出来看见眼前的困难，找准方向去努力，相信会给一丝丝的不安带来一些慰藉。

对"致虚"，我们可以理解为放空，给自己的心灵做减法。在当下充满诱惑的物欲社会里，稍不警醒，就会陷入各种欲望的陷阱而不能自拔。苏轼在《记承天寺夜游》中有一段话："庭下如积水空明，水中藻荇交横，盖竹柏影也。"从这首诗中理解"致虚"，应该是如月光般积水空明的状态，而我们的各种欲望就如竹柏影子一样，投影其中，但不影响其空明澄澈。在成长中学会及时地清理自己的内心，让思维清晰、志向明确、做事适度，不过度地给自己增加负担和压力，学会给心灵取弊，我们就已经开始学会了高质量的成长。成长中我们更多的时间忙于学习知识，随着年龄的增长忙于劳作，这可能是我们大多数人的生活方式和轨迹，关于高质量的成长一定需要优质的精神力量指引和帮助我们，那不妨多读读古圣先贤的典籍，一定会像灯塔照亮你向前的路和远方。

正如诸葛亮所言："非淡泊无以明志，非宁静无以致远。"只有内心的恬淡，才能够让自己明确志向；只有内心摒弃了纷扰和杂念，才能让自己确立远大的目标。那些能够接受极简生活的人，一定能够平静从容地生活，这样的宁静会带来冰清玉洁的品德。因为一个人的志向和节操，只有在淡泊名利时才能修炼出来。由此看来，老子所说的"致虚极，守静笃"虽然听起来简单，但道理十分深刻，做起来很难。因此，"致虚守静"应该是大家为人处世的一大基本准则。"致虚"是要达到的一种状态，而"守静"是"致虚"的方法。"守静"是很多人推崇的一种思维修炼方法，道家讲究冥想修身，佛家讲究打坐参禅，王阳明、曾国藩提倡静坐等，虽然形式有所差异，但都是在探求静的状态。

作为青年的我们，每天都有很多事情要去做。不妨试试"致虚守静"的状态，让自己多一些坦荡和从容，少一些躁动和贪婪。养成通透明亮活着的习惯，在螺旋曲线的动静变化中，逐步提升自己的思维认知水平，逐步接近"几于道"的状态，让自己不枉费、不遗憾、不错过。

四、虚怀若谷

虚怀若谷出自《老子》第十五章,原文是:"古之善为士者,微妙玄通,深不可识。夫唯不可识,故强为之容:豫兮,若冬涉川;犹兮,若畏四邻;俨兮,其若客;涣兮,若冰之将释;敦兮,其若朴;旷兮,其若谷;浑兮,其若浊;澹兮,其若海;飂兮,若无止。孰能浊以静之徐清?孰能安以动之徐生?保此道者不欲盈,夫唯不盈,故能蔽而新成。"[1]这一章主要讲述了行道者的修养和风貌,教给人们如何修身。老子认为:"理想的行道者应该具有小心谨慎、心存敬畏、恭敬庄重、温和融洽、敦厚自然、虚怀若谷、浑朴纯正、深沉宁静、飘扬放逸的修养和风貌。"[2]这正是老子的人格和他的精神气质,这些精神品格的核心就是不求满盈,进而才能吐故纳新。又:"上德若谷。"王弼注:"不德其德,无所怀也。"后来就用"虚怀若谷"形容非常虚心,心胸开阔。

很多青年朋友做人做事常以自我为中心,不够顾及他人的感受,头永远仰向蓝天,有种天下唯我独尊的感觉,你要知道社会生存的法则,谁都不喜欢自高自大之人,这样很容易在生活和工作中碰壁,虚心是我们必须拥有的品质,当你能弯下身子虚心听取他人意见时,那么你定能快速成长。正如向日葵,在成长期的时候仰头吸收充足的阳光,当果实饱满时,它默默地低下了头,做人更亦如此,让谦虚常伴自己,这样才能够赢得更多人的认可和敬佩。

"满招损,谦受益",自满的人往往不能谦虚听取别人意见,

---

[1] 汤漳平:《老子》,中华书局2019年版。
[2] 汤漳平:《老子》,中华书局2019年版。

而且经常会觉得自己最厉害，把周围的人都不放在眼里，缺乏恭敬之心，进而给自己带来不可估量的损失。我们要知道在成长中学会谦虚，习得谦德之心，因为谦虚是一种德行，你要学会培养自己的这一德行。老子言："敦兮，其若朴；旷兮，其若谷。"谦虚才可以使人进步，自满只能让自己的才华最终也失去原本的意义。

我们敬爱的周总理，他一生平易近人、谦虚谨慎、日理万机、为人民服务，不论他走到哪里，都心系群众，关心百姓。有一次他到上海考察，安排周总理与电影演员会面，在交谈时有人向周恩来总理建议："总理，您给我们写一本书吧！"可他说："如果我写书，就写我一生中的错误，让活着的人们从过去的错误中吸取教训。"这样的谦虚让人们十分爱戴他，当一个人越是有相当能力的时候他才能将自己放下，越是知识储备不够的时候，才会把自己架得很高，可谓"无知者无畏"，多读书胸怀才能宽广，格局才会更大，自然懂得谦卑。

虚怀若谷，成长、收获亦成功。

五、上善若水

"上善若水，水善利万物而不争。处众人之所恶，故几于道。居善地，心善渊，与善仁，言善信，正善治，事善能，动善时。夫唯不争，故无尤。"这段话出自《老子》第八章。老子在自然界万事万物中最赞美水，认为水德是最接近道的。水虽然没有固定的形态，但它可以随着外界的变化随时变化，这是一种多么宽广的随性和包容；它虽然没有固定的色彩，但是它可以做到"染于苍则苍，染于黄则黄"；它也没有固定的居所，但可以沿着外界的地形而流动；它可以成为潺潺清泉，也可以成为飞泻的激流，它可以成为奔腾的江河，也可以成为汪洋大海；它日夜川流不息，却不敢有穷竭之时。这不正是老子所描绘的道吗？[①]

　　从这段文字里我们已经感受到了古圣先贤的智慧，"上善若水"仅四个字道出了做人的大道理，现实生活中人们总是为了那点利益或者荣誉争得千疮百孔，甚至有时让自己痛不欲生，如果有水一样的格局和状态，我想时下那些焦虑、不安都能被放下和释怀。正如水善利万物而不与万物争高下，能高能下，不论处在什么位置依然保持原貌，这不正是我们修身处世之道吗？能够始终保持一样的品德，生活中如果事事都要争强好胜，就是给自己徒添烦恼，学会接受平衡法则。是自己努力的成果或者收获的成功，一定要自豪地收下，那些需要自己算计甚至是非正常手段获得的荣誉，应该好好思量是否要争取，我想每个人当陷入这样的利益漩涡的时候，一定是极其焦虑和惶恐的，焦虑不能得到，惶恐自己受损。人们的身心很难处于愉悦的状态。

　　要学会取舍，正如水一样，在源头开始飞奔而下，一路疾行向前，意味着人在青少年时期一定要学会上进和努力，对待学习、生活都应积极且全力以赴，如果在青少年时期就想慢节奏地享受安乐，人生往后的日子将会苦上加苦。当河床逐渐变宽，水流速度逐渐减慢，不正是人到中年的样貌吗？人到中年就要学会过减法生活，减去多余的欲望和烦恼，让自己轻松地开始放慢节奏，这样的生活更顺应人的健康规律，从慢到悟，逐渐让自己活出洒脱，活出幸福感。这时人生开始逐渐地享受慢而带来的快乐，因此，把你们

[①] 饶尚宽译注：《老子》，中华书局2016年版。

的享乐和慢节奏可以适度向后放放，在你们年轻充满活力的时候努力向前冲，让人生的获得感、幸福感、成就感统统在你不惑之年时都能到位，并逐渐让自己能够拥有厚积薄发的能力和自信。

2017年我到上海学习国学，胡素先生是我一直非常敬佩的师长，在先生的课堂中我收获颇丰，不仅是知识的收获，更多的是自己在职业生涯方向的发展以及专业的精进，时隔3年后我再次走进先生的国学课堂，一直觉得自己还不够优秀，对国学知识的学习还未达到自己的期望，在同学的鼓励下，我鼓足勇气向先生申领"字"，先生回复道："我想想！"领字那天我是第一个，当先生亮出她给我赐的字时，那一刻我感觉自己被更多的能量包围，眼前一亮，无比激动和感恩。因为先生看到了我、指引了我，给了我一个具有无限能量的字——子灿。以下是先生做的释义：

灿，指色彩鲜明艳丽，色彩缤纷。灿若图绣出自《徐霞客游记》；星汉灿烂，若出其里出自《观沧海》，指的是非常大气而绚丽的美。

师愿：以仁爱、理性和美的心态齐家修业，做一个心境无瑕的女子，过阳光灿烂的日子。

这是我一直努力追求的，"做一个心境无瑕的女子，过阳光灿烂的日子"，能在自己的工作中以身作则，关爱学生，不断学习提升自己，创新理念，给学生们营造幸福课堂。生活中能全力以赴地照顾自己的家庭，为女儿创造和谐宽松的氛围，全身心陪伴她的成长，一起读书，一起奔向远方……

你的人生可能会遇到形形色色的人，也许有人曾对你心生嫉妒并事事生非，也许有人总会乐于帮助你并事事扶持你，也许有人虽见面不多但是总能给你带去能量，不要忘记生命中出现的每个人，感谢他们带给你的体验，不论是痛苦的还是幸福的，你的人生值得体验所有的人情世故，这样才能够快速成长，精准识别。跌倒了勇敢起身拍拍身上的灰尘，告诉自己这一经历值得总结，时刻提醒自己做心境无瑕之人，幸福感会更多一些，欲望会少一些，内心也会越来越美好，毕竟人生很短暂，我们要美美地活着，那就不要有太多的杂念，但凡拥有一点小权力就想赶紧派上用场，不知不觉中早已输掉了人品。人生起伏跌宕都是正常的现象和规律，"墙倒众人推"，当众人都推的时候就应该反思自己的品行，人推的往往都是那些无德之人，被推倒后的难过、懊悔、无助我想都无济于事。不如选择做一个善良仁慈之人，每一天都能让自己活得通透。

上善若水，让我们拥有水一样的品质、水一样的状态，做心境无瑕之人，让自己的人生之路走得更坦荡和辽阔。

六、三省吾身

一个人最难得的就是能够及时地反省自己，我们发现一个原生家庭塑造出来的孩子，到他成年后会将父母的脾性表现得淋漓尽致，如果父母温和、谦恭、善良，那么孩子一定也是这样的。恰恰具有这样品德的家庭成员一定是善于反省和及时修正自己的。

"人无完人"——如果一个人太完美也未必是好事，因为在追求完美的路上会让自己活得很辛苦。与其盲目地追求完美不如反省自己的不足，进而修正自己，我想这样幸福感就会更强一些。2020年我在和静学堂研习茶修，这场茶修课给我带来了很多改变。茶席的布置隐含了很多的哲理，我不禁感叹中国文化的博大精深。布一方茶席让我们懂得秩序感，懂得平衡，懂得洁净。如果一个孩子从小接触到茶文化，以茶作为载体，修行品德，我想比一节充满大道理的课更有效果。泡茶时的拿起放下，拿不好盖碗或茶壶的时候还会被烫到，这里蕴藏的道理都让人恍然大悟，人生起落要拿得起放得下，在起落之间挫折坎坷的出现都不是偶然，出现这些问题的时候我们要立即反思，看看自己的问题出在哪里？明确知道自己的不足或问题的时候，才可以让自己快速成长。当茶汤倒入公道杯后，晶莹剔透还是有些浑浊，仔细观察茶汤色泽，分入杯中，啜饮品尝，这不就是照见自己的过程吗？正如自己在茶修学堂泡的每泡茶都有些清淡，而学友泡好的茶茶味总是比我的厚重一些，同一款茶、同样的水、同样的器具，不同的人泡出的茶汤却差异很大，交谈中我已找到问题的症结，我一直内敛保守，不太喜欢张扬表现，虽然给很多人的第一印象似乎应该不是这样的性格，但我清晰地知道自己真正的状态。而学友外向张扬，甚至自信满满，有点清高，还有些心直口快。我们俩恰恰相反，因此，茶汤之味我的保守清淡而她的浓厚苦涩，我们俩泡出的茶都不是我喜欢的味道。一泡茶看清了自己，便在每日的行茶中开始调整自己，慢慢改变并摸索最好的状态和味道。在茶修中修持自己，放下自己的执念，从心出发。

  记得过去每天晨起必须要用点香水，十年如一日固定的品牌、固定的味道，每天少了它似乎觉得缺失了些什么，总会为那熟悉的味道着迷。当我成为一名茶修学员时，学堂要求着茶服，不得涂指甲油、喷香水，并要求所有学员前去洗手间进行调整，我发现学堂的洗手液也是无味的。因为行茶讲究朴素简约，不论是茶席还是茶师都应以简为美，茶叶本身自带香气，行茶中我们要通过闻香来辨别茶叶的品质，那么你身上所有的香气都会影响和破坏茶香，在3天的学习中，朴素简约让自己身心似乎也轻巧了很多，自那以后我似乎不太喜欢刺鼻的香精味道，更喜欢清淡优雅之香气。一场与茶文化的邂逅改变了我的很多习惯，当然改变的都是精简从容，让自己更加平和、喜悦。

  10年前我在广州学习后就与培训结缘，我人生中的第一场培训是给一个景区的工作人员上课，当时对接我的领导告诉我说，培训学员身份比较特殊，有景区售票服务人员还有拉马的农民，他嘱托我一定要讲得让大家能听明白。由于是第一次社会培训，讲真自己还有些忐忑。我培训的课程广受好评，农民没有跑掉，有人电话铃声响起后大家还会群起而攻之，那是给我最大的尊重——来自文化程度较低的农民给予课堂的尊重。课后复盘时我总结了自己成功的点，能够设身处地与他们共鸣。我在他们的立场替他们讲话，自然大家快速接纳并认可你讲的那点道理。那一次的成功让我沾沾自喜，以至于有点初生牛犊不怕虎的感觉，还刻意在自己的介绍中恨不得敲上去N次方的头衔，后来我的培训课程越来越多，从第一场给农民的培训到给银行中层干部、政府公务员、企业员工的培训等，各行各业的课程接踵而至。我不能仅凭自己那点仅有的知识行走在培训之路上。因此，不断地学习、不断地充电才是自己能够走得更远的唯一途径，我开始大量阅读，不管是浏览手机信息还是读纸质版的书籍，我需要掌握大量的知识和信息才可以心安理得地传播文化，在学习的过程中突然发现自己不知道的知识太多了。一瞬间为曾经沾沾自喜、自以为是的自己感到无比羞愧。甚至一度我用"无知者无畏"来讽刺自己，那一刻的醒悟如醍醐灌顶，也让我深刻地明白荀子所言："学不可以已。"今天依然感觉自己还不够好，书读得还不够多，并要求自己要做到"苟日新，日日新，又日新"，能够不负自己的课堂和学生。

三省吾身，成长中做一个善于照见自己、修正自己的人吧！

七、飘扬放逸

《庄子·田子方》中记载："得至美而游乎至乐，谓之至人。"意思是说精神自然地美到极点并自由自在到极点，那就是达到人生理想境界的至人了。庄子的超然、洒脱、不羁，值得今天的我们去读读。邢群麟先生在《听大师讲〈庄子〉》中评价："《庄子》是一本很古老的书，却常读常新。"在庄子的笔墨中可以尽情地幻想虚静无为，逍遥自在，当然是在工作生活之外，常可以给自己一方可飘扬放逸的天地，安顿自己的内心，放松自己的身体，逍遥享受天人合一之感，常为自己释放压力、调节情绪，这是现代人必须拥有的能力。

今天的时代似乎让我们都感受到了很多不确定和迷茫，考研人数连年飙升、就业压力巨大、实体店铺关门歇业……那么多的无奈和痛苦，甚至很多年轻朋友说我马上毕业前途一片渺茫，还怎么去飘扬呢？因为大多数人都认为做事是为了生存，我们太在乎自己能获得什么，能赚到多少钱，似乎忘了在现实中可以让自己内心依然拥有自由和超凡脱俗。比如，我们选择做任何一件事的时候都让自己带上一份做事前的情怀，带上从容去享受当下带给你的快乐或是不安，因为生活中我们自然会遇到各种各样的境况，我们需要做的就是坦然接纳，如果是一帆风顺就享受幸福之感；如果是挫折就鼓足勇气乘风破浪。最终，你会感谢那些挫折、困难和不幸，是它们造就了最美的你。

美国诗人惠特曼说："人生的目的除了去享受人生外，还有什么呢？"林语堂先生也曾说："我总以为生活的目的即是生活的真享受……是一种人生的自然态度。"生活本来就是丰富多彩的，除了工作、赚钱、结婚、生子、名利，不要忘记还有蓝天、白云、诗歌、音乐、友谊、读书、远方……学会调解工作和生活的色彩盘，学习和工作时能够享受过程带来的挑战和努力，不论做什么事都不要急功近利，只看见利益有多少，当换一种心境时你会发现工作也会是一种乐趣，是提升你、塑造你、成就你的乐趣。

我身边有很多让我敬佩的年轻人，他们做着事、赚着钱同时又享受着生活。比如我的普拉提教练，一位充满阳光和活力的女性，第一次与她相见是在她的美甲店，她给我种睫毛的时候让我感觉到她和别人完全不一样，她的手指纤细，动作轻柔，语言很少却很礼貌，这次体验让我对她的印象极其深刻。那时我们只是陌生人，也仅此一面而已。由于上班后我很少做美甲、种睫毛，因此就再没有去光顾她的店铺。直到后来她开了普纳普拉提馆，因为颈椎问题我去体验了课程，从陌生到熟悉，知道她是从加拿大留学回来自己创业，做了瑜伽馆、美甲店、普拉提馆，一个能将自己的爱好经营成事业的女孩，满脸散发着光芒，这个自信的光芒来自她非常好的性格和广泛的兴趣爱好，潜水、冲浪、滑板……看到她朋友圈的生活，我常感慨这样的女子满身都装满能量，飘扬放逸形容她再合适不过了。努力工作、努力尝试生活的各种可能，这不是年轻人应该有的样子吗？所以，人生需要努力劳作，但是你要懂得劳作不是人生的目的，人生的目的应该是"生活和谐"，那就是一边可以勤奋工作，一边使生活充满乐趣，这样的和谐会带给你无限的幸福！

很多人往往会过度地享受生活，不努力只想享受，这一定是荒唐且错误的，没有努力做基础我们实现不了享受，所有那些好吃懒做、只说不做的人，最终都会患得患失，人生充满失意。真正的享受生活，是要努力丰富生活的内容，不断地提高生活的质量，能够愉快工作、愉快享受，这个天平一定要平衡。因为，当我们度假、听音乐会、吃美食、休闲娱乐时都会让烦恼离开、心情舒畅，能够使灵性回归。学会"生活和谐"，在享受中体验生命的自在，正如庄子教给我们的人生哲理。

每个人的人生都不可能一帆风顺，我也曾经在事业上遇到过一些挫折，那时于我而言认为是一个不可跨越的鸿沟，自己一度无法释怀那段经历，一股脑的负面情绪，我从最开始的逃避到后面的坦然再到接纳。过程真的犹如剥丝抽茧，成年人经历一场挫折便是一次深刻的成长，我释怀那些所谓的不公平和事态的无常，释怀后终于和自己和解。那一刻云淡风清，如卸下了千斤重担，内心不再有怨恨、悲伤和消极，因为成长了便找到了当下自己活着该有的样子。于是我还是我，还是努力上进的样子，让自己活得足够敞亮才是打开心路的王道。心态的改变让我不再选择逃避，而是继续前行，突然发现人生之路不是唯一，当别人试图给你堵上通道的时候，只要不气馁，我们一定能找到另外一个出口。正如庄子所言："得而不喜，失而不忧；知分之无常也。"因祸得福，失去并不都是灾难，只要心中明亮、眼里有光，路依然宽广。得与失本就是往复循环，过眼云烟，当一个人学会了修养自己的心灵，才能保持内心的那份宁静与和谐，能够达到日日更新、时时自省，清除心灵的尘埃，获得纯净的心灵，最终"达生"而"逍遥"。

让明礼修身成为你成长的必修课题，带着敬畏之心、恭敬之心，努力活好自己，让生命绽放五彩斑斓，以和美旷达的胸怀齐家修业，做心境无瑕之人！

修身锦囊

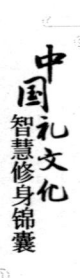

人莫鉴于流水,而鉴于止水。唯止能止众止。

——《庄子·德充符》

这句话的意思是人只有在静中才可以看清自己、了解自己。在工作、生活的快节奏里,不要让急功近利、欲望蒙蔽了自己的内心,给内心一方"净土",识本心、常思考、多自省。

中国礼文化智慧修身锦囊摘录

1. 敖不可长，欲不可从，志不可满，乐不可极。

——摘自《礼记·曲礼上》

2. 贤者狎而敬之，畏而爱之。爱而知其恶，憎而知其善。积而能散，安安而能迁。临财毋苟得，临难毋苟免。很毋求胜，分毋求多。疑事毋质，直而毋有。

——摘自《礼记·曲礼上》

3. 大学之教也，时教必有正业，退息必有居学。不学操缦，不能安弦；不学博依，不能安《诗》；不学杂服，不能安礼；不兴其艺，不能乐学。故君子之于学也，藏焉，修焉，息焉，游焉。夫然，故安其学而亲其师，乐其友而信其道，是以虽离师辅而不反也。《兑命》曰："敬孙务时敏，厥修乃来。"其此之谓乎！

——摘自《礼记·学记第十八》

5. 乐者，天地之和也；礼者，天地之序也。和，故百物皆化；序，故群物皆别。乐由天作，礼以地制。过制则乱，过作则暴。明于天地，然后能兴礼乐也。

——摘自《礼记·乐记》

6. 儒有博学而不穷，笃行而不倦，幽居而不淫，上通而不困。礼之以和为贵，忠信之美，优游之法。举贤而容众，毁方而瓦合。其宽裕有如此者。

——摘自《礼记·儒行》

7. 温良者，仁之本也；敬慎者，仁之地也；宽裕者，仁之作也；孙接者，仁之能也；礼节者，仁之貌也；言谈者，仁之文也；歌乐者，仁之和也；分散者，仁之施也。儒皆兼此而有之，犹且不敢言仁也。其尊让有如此者。

——摘自《礼记·儒行》

8. 大学之道，在明明德，在亲民，在止于至善。知止而后有定，定而后能静，静而后能安，安而后能虑，虑而后能得。物有本末，事有终始，知所先后，则近道矣。

——摘自《大学》

9. 古之欲明明德于天下者，先治其国；欲治其国者，先齐其家；欲齐其家者，先修其身；欲修其身者，先正其心；欲正其心者，先诚其意；欲诚其意者，先致其知。致知在格物。物格而后知至，知至而后意诚，意诚而后心正，心正而后身修，身修而后家齐，家齐而后国治，国治而后天下平。自天子以至于庶人，壹是皆以修身为本。其本乱而末治者，否矣。其所厚者薄，而其所薄者厚，未之有也。此谓知本，此谓知之至也。

——摘自《大学》

10. 子夏曰:"贤贤易色;事父母,能竭其力;事君,能致其身;与朋友交,言而有信。虽曰未学,吾必谓之学矣。"

——摘自《论语·学而》

11. 恭而无礼则劳,慎而无礼则葸;勇而无礼则乱;直而无礼则绞。君子笃于亲,则民兴于仁;故旧不遗,则民不偷。

——摘自《论语·泰伯》

12. 有子曰:"礼之用,和为贵。先王之道,斯为美;小大由之。有所不行,知和而和,不以礼节之,亦不可行也。"

——摘自《论语·学而》

13. 子曰:"君子欲讷于言而敏于行。"

——摘自《论语·里仁》

14. 子曰:"质胜文则野,文胜质则史。文质彬彬,然后君子。"

——摘自《论语·雍也》

15. 子曰:"志于道,据于德,依于仁,游于艺。"

——摘自《论语·述而》

16. 孔子曰:"君子有九思:视思明,听思聪,色思温,貌思恭,言思忠,事思敬,疑思问,忿思难,见得思义。"

——摘自《论语·季氏》

17. 子张问仁于孔子。孔子曰:"能行五者于天下为仁矣。"

"请问之。"曰:"恭、宽、信、敏、惠。恭则不侮,宽则得众,信则人任焉,敏则有功,惠则足以使人。"

——摘自《论语·阳货》

18. 子夏曰:"博学而笃志,切问而近思,仁在其中矣。"

——摘自《论语·子张》

19. 君子曰:学不可以已。青,取之于蓝,而青于蓝;冰,水为之,而寒于水。木直中绳,輮以为轮,其曲中规。虽有槁暴,不复挺者,輮使之然也。故木受绳则直,金就砺则利,君子博学而日参省乎己,则知明而行无过矣。

——摘自《荀子·劝学》

20. 君子宽而不僈,廉而不刿,辨而不争,察而不激,寡立而不胜,坚强而不暴。柔从而不流,恭敬谨慎而容。夫是之谓至文。《诗》曰:"温温恭人,维德之基。"此之谓矣。

——摘自《荀子·不苟》

21. 憍泄者,人之殃也;恭俭者,偋五兵也。虽有戈矛之刺,不如恭俭之利也。故与人善言,暖于布帛;伤人之言,深于矛戟。故薄薄之地,不得履之,非地不安也。危足无所履者,凡在言也。巨涂则让,小涂则殆,虽欲不谨,若云不使。

——摘自《荀子·荣辱》

22. 天命之谓性，率性之谓道，修道之谓教。道也者，不可须臾离也，可离非道也。是故君子戒慎乎其所不睹，恐惧乎其所不闻。莫见乎隐，莫显乎微，故君子慎其独也。喜怒哀乐之未发，谓之中；发而皆中节，谓之和；中也者，天下之大本也；和也者，天下之达道也。致中和，天地位焉，万物育焉。

——摘自《中庸》

23. 子曰："道之不行也，我知之矣；知者过之，愚者不及也。道之不明也，我知之矣：贤者过之；不肖者不及也。人莫不饮食也，鲜能知味也。"

——摘自《中庸》

24. 子曰："舜其大知也与！舜好问而好察迩言，隐恶而扬善，执其两端，用其中于民，其斯以为舜乎！"

——摘自《中庸》

25. 子曰："道不远人。人之为道而远人，不可以为道。《诗》云：'伐柯伐柯，其则不远。'执柯以伐柯，睨而视之，犹以为远。故君子以人治人，改而止。忠恕违道不远，施诸己而不愿，亦勿施于人。君子之道四，丘未能一焉：所求乎子以事父，未能也；所求乎臣以事君，未能也；所求乎弟以事兄，未能也；所求乎朋友先施之，未能也。庸德之行，庸言之谨；有所不足，不敢不勉；有余不敢尽。言顾行，行顾言，君子胡不慥慥尔！"

——摘自《中庸》

26. 君子之道，辟如行远必自迩，辟如登高必自卑。《诗》曰："妻子好合，如鼓瑟琴。兄弟既翕，和乐且耽。宜尔室家，乐而妻孥。"子曰："父母其顺矣乎！"

——摘自《中庸》

27. 天下之达道五，所以行之者三：曰君臣也，父子也，夫妇也，昆弟也，朋友之交也：五者，天下之达道也。知、仁、勇三者，天下之达德也。所以行之者一也。或生而知之，或学而知之，或困而知之，及其知之一也。或安而行之，或利而行之，或勉强而行之，及其成功，一也。子曰："好学近乎知，力行近乎仁，知耻近乎勇。知斯三者，则知所以修身；知所以修身，则知所以治人；知所以治人，则知所以治天下国家矣。"

——摘自《中庸》

28. 诚者，天之道也。诚之者，人之道也。诚者，不勉而中，不思而得，从容中道，圣人也。诚之者，择善而固执之者也。博学之，审问之，慎思之，明辨之，笃行之。有弗学，学之弗能，弗措也；有弗问，问之弗知，弗措也。有弗思，思之弗得，弗措也。有弗辨，辨之弗明，弗措也。有弗行，行之弗笃，弗措也。人一能之，己百之；人十能之，己千之。果能此道矣，虽愚必明，虽柔必强。

——摘自《中庸》

29. 夫天下之所尊者，富贵寿善也；所乐者，身安厚味美服好色音声也；所下者，贫残夭恶也；所苦者，身不得安逸，口不得厚味，形不得美服，目不得好色，耳不得音声。若不得者，则大忧以惧，其为形也亦愚哉。

夫富者，苦身疾作，多积财而不得尽用，其为形也亦外矣！夫贵者，夜以继日，思虑善否，其为形也亦疏矣。

——摘自《庄子·至乐》

30. 人莫鉴于流水，而鉴于止水。唯止能止众止。

——摘自《庄子·德充符》

参考文献

【著作】

1. 黄敦兵主编. 孔子家语. 长沙：岳麓书社，2021.

2. 彭林主编. 礼乐文明与中国文化精神. 北京：中国人民大学出版社，2016.

3. 郭丹主编. 左传. 北京：中华书局，2016.

4. [美]伊丽莎白·波斯特著. 西方礼仪集萃. 上海：生活·读书·新知三联书店，1991.

5. 杨伯峻主编. 论语译注. 北京：中华书局，2012.

6. 方勇主编. 荀子. 北京：中华书局，2011.

7. 周文柏主编. 中国礼仪大辞典. 北京：中国人民大学出版社，1992.

8. 彭林主编. 礼乐文明与中国文化精神. 北京：中国人民大学出版社，2016.

9. 杨天宇主编. 礼记译注（上）. 上海：上海古籍出版社，2016.

10. 金晓东主编. 礼记·祭义. 上海：上海古籍出版社，2016.

11. 中国社会科学院语言研究所词典编辑室. 现代汉语词典

（第七版）.北京：商务印书馆，2016.

12．郭丹、程小青、李彬源译注.左传.北京：中华书局，2016.

13．王秀梅译注.诗经.北京：中华书局，2015.

14．文中子著，东篱子解译.止学.北京：中国纺织出版社，2019.

15．王国轩主编.大学.北京：中华书局，2016.

16．李先耕主编.老子.长春：吉林大学出版社，2020.

17．陈邦瞻.宋史·道学传一·程灏传.北京：中华书局，2018.

18．饶尚宽译注.老子.北京：中华书局，2016.

19．方勇主编.庄子.北京：中华书局，2015.

20．邢群麟主编.听大师讲《庄子》.北京：中华工商联合出版社，1970.

21．王琼主编.泡好一壶中国茶.南京：江苏凤凰美术出版社，2016.

22．纪亚飞主编.21天优雅养成记：魅力女性的7项修炼.北京：中国工人出版社，2021.

【期刊】

1．王京华、韩红梅、葛永庆.中西方礼文化比较研究[J].河北学刊，2006（7）.

2．张弘、马婷婷.中国古代礼的起源问题新探[J].济南大学学报（社会科学版），2011（1）.

3．顾希佳．关于礼仪起源几种成说的辨析[J]．唐都学刊，2001（2）．

4．王毓．论荀子的"圣人制礼说"[J]．周易研究，2015（7）．

5．田丽．明代山西孝义群体研究[D]．山西师范大学，2017．

6．孙金玲．从礼仪文化的发展看中国文明的进程[J]．科技资讯，2006（8）．

7．王洪亮．孔子人才思想浅析[J]．商丘师范学院学报，2012（4）．

8．孔德超、李豪乐、钟娅、郭梅．中国法制史进程中礼与法的关系[J]．法制博览，2020（5）．

9．孔子接待盲乐师[J]．人力资源，2011（3）．

10．吴诚琳．原型批评视野下《碧奴》的审美研究[J]．学术论文联合比对库，2021（9）．

11．徐亚军．孔子人学思想研究[D]．延安大学，2015．

12．卢三轩．中庸之道与思想政治工作[J]．东方企业文化，2012（11）．

13．李仁君．儒家孝道的美学意蕴探析[J]．湖北工程学院学报，2015（3）．

14．刘新颖．《礼记》语言学思想研究[D]．陕西师范大学，2012．

15．高利民．有无"之间"——庄子道论释读[D]．复旦大学，2005．

16．付胜芳．后天的教育最重要——《方仲永》教学片段赏析[J]．江西教育，2014（3）．

17．方宁．陶行知教育伦理思想研究[D]．南京师范大学，2018．

18．吴光．王阳明"知行合一"论的内涵及其现实意义[J]．贵州大学学报（社会科学版），2015（1）．

19．贾晋．谈西餐礼仪之我见[J]．食品安全导刊，2014（8）．

20．刘绍义．文史精粹[J]．文史博览，2015（7）．

21．赵刚．自助餐必学礼仪[J]．理财，2010（10）．

22．赵家治．孔子的人学思想[J]．新长征，2012（3）．

23．慕白清心．党员干部要谨防"萧伯纳病"[J]．上海支部生活，2016（10）．

24．汤勤福．观乎人文 以化成天下．光明日报，2016-12-27．

25．让礼仪回归家教．解放日报，2014-2-15．

26．宋立民．孔夫子与"利归天下"．金融时报，2015-11-27．

27．彭林．钱穆给美国学者上了"一堂中国文化课"．北京日报，2017-3-20．

28．管秀兰．孔子学院给中国形象出彩．中国教育报，2016-4-21．

29．把握儒家思想精髓 弘扬优秀传统文化理论，人民网．

30．鞠躬·碰杯·握手——三种礼仪起源．深圳特区报，1992-3-17．

31．立木为信与烽火戏诸侯．本溪晚报，2014-4-23．

32．礼之用和为贵．绵阳日报，2021-8-22．

33．王石语录．彭城晚报，2008-06-10．

后记
礼仪打开幸福门

历时一年半的时间,《中国礼文化智慧修身锦囊》终于完稿,在写这本书的时候,我一边敲打键盘,一边回照自己,时间就像流沙,不经意间自己在明礼的路上一走就是10年,这10年我收获了知识的同时也遇到了很多良师益友。此刻,感恩生命中的遇见,我自己虽不够完美,但是内心丰盈且富足。

2012年因工作需要作为应用型大学转型的教师之一,我开始学习礼仪,初次接触对它的热爱出乎意料。就在那时风雨无阻,从广州到北京再到上海,我上完了所有礼仪培训机构开设的师资培训课程,结识了全国各地的老师、朋友和同行,带着对这门课程的热爱和对教学的执念,从中、小学生礼仪课堂到大学生礼仪课堂,从企业员工培训到乡村旅游培训,从政府公务员培训到大型国际会议及赛事颁奖培训。我从最初的懵懂到后来精进,形成了一整套完整的属于自己风格的礼仪教学内容。一路上曾遇到过很多声音,有人说礼仪没有理论基础,不能进行科学研究,你要找个方向还要做些科研,甚至还有人说礼仪没有文化内涵,就是教人站立行走……听到这些声音的时候,我曾怀疑自己是否要调转方向重新起航,不能让自己在大学里没有专业方向……甚至我苦于那些劝说我的人们,不能够真正理解这门课程,甚至我担忧自己被肤浅定义,曾经一向洒脱自由的自己，也会随着年龄的增长而怕起了世故与讽刺！当我陷入怀疑的时候，人生中总会有懂你的朋友带给你无限的力量和鼓励，身边的师长、朋友用他们的认可、肯定和鼓励，让我鼓足勇气继续前行。直到2017年，我在胡素先生的国学课堂里更坚定了信念，以前的声音才发现不值得被参考甚至根本不能作为影响我的因素，有人总会站在自己所认为的高度去指手画脚，殊不知我们还有不知道和不太熟悉的领域，正如中国礼文化几千年的历史，在历史发展的长河里它像明灯一样指引着中国人，正如朱熹所言："天不生仲尼，万古如长夜。"如果没有孔子，我们的精神世界将一片漆黑，那么我们的生命里如果只能容纳现实派的"术"，我想这样的生命一定不是五彩斑斓的。钱穆先生曾说："中国文化以礼为灵魂。"正是因为这个灵魂让我们有了君子与小人之别，正因为这个灵魂让我们有了民族自信，我们还要怀疑吗？

"礼仪打开幸福门"——礼仪带给我太多的变化，最大的收获是和自己和解，不再那么执拗地和自己过不去，不再去计较对与错，不再因为家人的不足而总是陷入自责……太多太多幸福的感受，就是自己活得更加通透，不再会因为外界的声音而否定自己、怀疑自己。自信绽放，努力地工作，尽情享受和谐而美好的生活。2014年，我作为全国女性形象工程公益讲师团成员被甘肃省工会邀请为广大女性干部做一场女性形象力提升的培训，我思考了好多天，"礼仪打开幸福门"这个话题一跃而出，那一刻觉得太赞了，我的幸福之门不就是因礼而生吗？通过学礼而不断地修炼自己，为自己的心灵祛弊，带着仁爱之心认真对待自己的工作，用豁达的心接纳自己，遇到挫折、困难及时克服，告诉自己抬起头还有蓝天，低下头还有光明大道，也就没有那么多的失意。讲座最终赢得了广大女性朋友的好评，也因此在每年三八节成了一个备受欢迎的讲座，被分享了近百场，并在2018年申请了版权。此刻，我依然坚信是它打开了我的幸福之门。未来我会坚定地走下去……

此刻，我想感谢在10年成长路上给予我支持和帮助的所有人，让我收获了丰富的人生经历，让我在明礼路上不断成长和进步。首先，感谢我的学校提供的广阔平台，才得以让我有如此机缘去学习并实践，也感谢给予我支持和帮助的各位领导和同仁，是大家的支持鼓励和帮助才让我收获颇丰。也因为学校的支持，"大学生礼仪素养与魅力提升"这门课才能顺利完成慕课的录制，才让我有机会鼓足勇气用还不够完美的文笔撰写了这本书，虽显青涩，但它是我心血的结晶。希望能够给学生及青年朋友们带来一些精神的食粮。

其次，感谢纪亚飞老师，她是我学习礼仪路上遇到的第一位老师，从老师身上我学习到的不只是礼仪知识，更多的是她对生活的态度。她阳光灿烂的微笑，敏捷灵活的思维，积极乐观的心态，无一不是我学习的榜样。她待工作和生活如此认真，与老师相处满是能量，从未听见她对生活有过任何抱怨，身影穿梭于祖国大地的各个省份，但依然高效协调自己的时间，给予她的儿子毛豆最好的陪伴。

感谢我的国学老师胡素先生，她一身正气、满腹诗书，她热爱生活，更热爱山河。听先生的国学课如沐浴阳光，每次走进先生的课堂都如给心灵做了场洗礼，让自己内心能量感满满。先生用自己的学识、精神深深影响着我，让我明白礼者正身，师者正礼的道理，严谨治学，积累沉淀，靠近圣贤，让他们的光芒沐浴我们，增加自己的宽度和广度，拥有足够的底气去传道授业。不负先生的祝愿："以仁爱、理性和美的心态齐家修业，做一个心境无瑕的女子，过阳光灿烂的日子。"

还要感谢因礼而相识的知心朋友，虽不常见面，但我们有共同的爱好和追求，千里之外电波中的问候足够温暖彼此，让我前行的路上不觉孤单。韶关大学的李兵老师、赤峰学院的余艳梅教授、郑州工程职业学院的程燕教授、南昌理工学院的施婧老师等，我们有着一样的身份、一样的角色、一样的经历，这让我们更加亲近。每每需要帮助时每一个人都会全力以赴，让我感受到了友谊的厚重和美好。

庄子言："人生天地之间，若白驹过隙，忽然而已。"生命在拥有和失去之间很快就流失了。每一个人的心灵空间需要自己去经营，不要给自己的心中装满势利、欲望和算计，留一方净土装上善良、宽容和美好。用真、善、美给自己的灵魂赋予更多的自由和逍遥。人生境界"宠辱不惊，闲看庭前花开花落；去留无意，漫随天外云卷云舒"。愿每个人都能拥有悦纳随顺、喜悦相伴、飘扬放逸的幸福生活。

最后，希望每位读者都能获得幸福的能量，用宽容之心见谅书中观点及文字的不足，我会继续努力提升自己。

图书在版编目（CIP）数据

中国礼文化智慧修身锦囊 / 张晓玉著. -- 北京：中国广播影视出版社，2023.10（2024.4 重印）
ISBN 978-7-5043-9029-5

Ⅰ．①中… Ⅱ．①张… Ⅲ．①礼仪－文化研究－中国 Ⅳ．①K892.26

中国国家版本馆CIP数据核字（2023）第088366号

中国礼文化智慧修身锦囊

张晓玉　著

责任编辑	王　萱
特约顾问	高亚芳　纪亚飞
封面设计	智达设计
版式设计	水京方设计
责任校对	张　哲

出版发行	中国广播影视出版社
电　　话	010-86093580　010-86093583
社　　址	北京市西城区真武庙二条9号
邮　　编	100045
网　　址	www.crtp.com.cn
电子信箱	crtp8@sina.com

经　　销	全国各地新华书店
印　　刷	永清县晔盛亚胶印有限公司
开　　本	710毫米×1000毫米　1/16
字　　数	200（千）字
印　　张	12.5
版　　次	2023年10月第1版　2024年4月第2次印刷

书　　号	ISBN 978-7-5043-9029-5
定　　价	48.00元

（版权所有　翻印必究·印装有误　负责调换）